O que a Doutrina Espírita pode fazer por você?
TRANSCRIÇÕES E APONTAMENTOS

Editora Appris Ltda.
1.ª Edição - Copyright© 2021 dos autores
Direitos de Edição Reservados à Editora Appris Ltda.

Nenhuma parte desta obra poderá ser utilizada indevidamente, sem estar de acordo com a Lei nº 9.610/98. Se incorreções forem encontradas, serão de exclusiva responsabilidade de seus organizadores. Foi realizado o Depósito Legal na Fundação Biblioteca Nacional, de acordo com as Leis nos 10.994, de 14/12/2004, e 12.192, de 14/01/2010.

Catalogação na Fonte
Elaborado por: Josefina A. S. Guedes
Bibliotecária CRB 9/870

A135q 2021	Abdala, Dirceu O que a doutrina espírita pode fazer por você? : transcrições e apontamentos / Dirceu Abdala. - 1. ed. – Curitiba : Appris, 2021. 169 p. ; 23 cm. Inclui bibliografias ISBN 978-65-5523-376-6 1. Espiritismo. I. Título. II. Série.
	CDD – 133.9

Livro de acordo com a normalização técnica da ABNT

Appris editora

Editora e Livraria Appris Ltda.
Av. Manoel Ribas, 2265 – Mercês
Curitiba/PR – CEP: 80810-002
Tel. (41) 3156 - 4731
www.editoraappris.com.br

Printed in Brazil
Impresso no Brasil

Dirceu Abdala

O que a Doutrina Espírita pode fazer por você?
TRANSCRIÇÕES E APONTAMENTOS

FICHA TÉCNICA

EDITORIAL
Augusto V. de A. Coelho
Marli Caetano
Sara C. de Andrade Coelho

COMITÊ EDITORIAL
Andréa Barbosa Gouveia (UFPR)
Jacques de Lima Ferreira (UP)
Marilda Aparecida Behrens (PUCPR)
Ana El Achkar (UNIVERSO/RJ)
Conrado Moreira Mendes (PUC-MG)
Eliete Correia dos Santos (UEPB)
Fabiano Santos (UERJ/IESP)
Francinete Fernandes de Sousa (UEPB)
Francisco Carlos Duarte (PUCPR)
Francisco de Assis (Fiam-Faam, SP, Brasil)
Juliana Reichert Assunção Tonelli (UEL)
Maria Aparecida Barbosa (USP)
Maria Helena Zamora (PUC-Rio)
Maria Margarida de Andrade (Umack)
Roque Ismael da Costa Güllich (UFFS)
Toni Reis (UFPR)
Valdomiro de Oliveira (UFPR)
Valério Brusamolin (IFPR)

ASSESSORIA EDITORIAL
Alana Cabral

REVISÃO
Camila Dias Manoel

PRODUÇÃO EDITORIAL
Bruno Ferreira Nacimento

DIAGRAMAÇÃO
Daniela Baumguertner

CAPA
Eneo Lage

COMUNICAÇÃO
Carlos Eduardo Pereira
Débora Nazário
Kananda Ferreira
Karla Pipolo Olegário

LIVRARIAS E EVENTOS
Estevão Misael

GERÊNCIA DE FINANÇAS
Selma Maria Fernandes do Valle

Com profundo carinho e amor, ofertamos este simples estudo aos nossos queridos amigos Dr.ª Elba de Melo Álvares e Dr. Renato Soffiatti Mesquita, em imorredoura gratidão.

Também o dedicamos à companheira Rosana, aos filhos, às noras, às netas, aos cunhados, aos irmãos.

Às memórias de Chico Xavier, e aos saudosos pais, Nagib Abdalla e Afonsina Cattani Abdalla, com eterna gratidão.

Prefácio

Tenho a honra, o privilégio e a responsabilidade de dizer que meu pai não é só meu, ou de meus irmãos, é pai de milhares, para não dizer já milhões de irmãos, encarnados e desencarnados, por ele assistido ao longo de mais de 40 anos de dedicação exclusiva à doutrina espírita. Cresci distante dele, em corpo físico, mas o quão próximo consegui ficar de sua obra. Pude contribuir em singelos momentos, ante a grandiosidade de seu trabalho.

Sou iniciante ainda no estudo da doutrina espírita, mas considero saber o suficiente para atestar a disciplina, rigor, humildade, Amor em todas as manifestações virtuosas de seu trabalho no ensino e prática da obra do bem, por meio do espiritismo.

Fruto de todas essas décadas de dedicação, estudo e prática, a presente obra nos oferece uma compilação de textos dos autores por ele mais considerados fidedignos de elucidação das práticas do espiritismo. O texto, com sua lógica intrínseca, convida-nos a percorrer temas dos mais relevantes para a formação do espírita, para que possa não mais alegar o desconhecimento de suas responsabilidades para com o próximo e para consigo mesmo.

Apontamentos e mensagens provindas de um coração fraterno complementam a trajetória mediante uma leitura agradável e instrutiva. Desejo a todos que percorram este caminho de Luz.

Klaus de Oliveira Abdala

Sumário

Parte 1

Preparação para a Tarefa Mediúnica.........................15

Dos Primeiros Passos 19

Quem é Jesus?...22

Subsídios para os Médiuns 23

Cura Espiritual 24

Água Fluidificada 25

Não há Boa Mediunidade sem a Reforma Íntima.................25

Orientação aos Doentes......................................26

Médiuns Curadores...26

Um Caso de Possessão..32

Parte 2

Desobsessão ou Doutrinação Pública de Espíritos..............43

Culto do Evangelho no Lar...................................52

Roteiro do Evangelho no Lar.................................53

Os Benefícios do Tratamento com a Água Fluida 56

Os Benefícios do Passe......................................57

O Passe...58

Eternas Lições de Chico Xavier..............................59

Advertência aos Indiferentes................................100

Caixa Postal..101

Chico Xavier e um Caso de Perdão............................102

Centro Espírita na Visão de Chico Xavier 103

Chico Xavier, Quem é Você?..................................105

Chico e uma Mãe Aflita......................................108

Frases de Chico Xavier..109

Lições do Silêncio..117

O Espiritismo no Brasil..117

O Tempo é Surdo..120

Parte 3

Palavras de Chico Xavier 123

Aprendendo com Chico 128

Recordações da Vida de Chico Xavier 131

Aprendendo com Chico 133

Na Tarefa, a Tarefa Mediúnica..134

Obsessores nos Presídios..136

Qual o Homem mais Rico?..137

Retrato da Mãe Santíssima..138

Sobre o Passe..139

Uma Orientação de Emmanuel 140

Visitas..142

Dúvidas na Psicografia..143

Dívida e Resgate 144

Cura e Tratamento..145

A Doutrina é de Paz 146

Aceitação..147

Chico e a Igreja 147

Chico, o Amigo dos Animais..149

Mensagem de Francisco de Assis..151

Saudades de Jesus..154

Definição do Brasil..155

Homenagem a Chico Xavier..157

Simples Homenagem a Eurípedes Barsanulfo 159

Tributo a Dr. Bezerra de Menezes 161

Mediunidade e Você 162

Fonte de Luz 164

Cure-se antes de Curar..165

Referências..167

Parte 1

Preparação para a Tarefa Mediúnica

Sabemos que os espíritas, ainda no Plano Espiritual, receberam tratamento de desobsessão para o processo reencarnatório, ou seja, uma limpeza cármica e uma gigante preparação para a viagem ao corpo físico. Naqueles momentos eles assumem compromissos, e sempre para o cumprimento de tarefas de elevada responsabilidade. Assim, fazendo parte da equipe Consoladora, no mínimo devem usar o lenço de Nosso Senhor para enxugar lágrimas, levantar caídos, alimentar famintos, vestir os nus, visitar presos e curar, já que receberam um ordenamento de Nosso Senhor: "Ide e curai."

Todos os que foram curados por Nosso Senhor desencarnaram e continuam desencarnando. Mesmo os que forem curados por médiuns da Doutrina Espírita passarão pelo mesmo caminho. Resta-nos observar a recomendação do divino Mestre: "Vá e não peques mais." O que equivale a dizer que existe somente uma cura, a cura espiritual. Não pecar mais!

Assim, enquanto a matéria, fonte de instintos primitivos e animalescos, em nós dominar o espírito, estaremos sempre doentes, portanto, apesar de nosso desencarne libertar-nos do corpo físico, da gaiola do passarinho, se ficarmos presos às ilusões do passado, nas trevas que conquistamos com nossas invigilâncias e mazelas morais, não conquistaremos nossa liberdade, e frustraremos mais uma experiência cármica.

Para a grande missão de curar, é necessário que evangelizemos nosso coração e purifiquemos nossos sentimentos. Nossos hábitos, de agora em diante, devem ser mudados, completamente focados em falar, pensar, praticar e dar testemunhos do bem, e assim nos aproximamos da fonte de todo o bem, que é DEUS.

Trazemos em nossa bagagem cármica compromissos assumidos no Plano Espiritual assinados na presença de nossos Benfeitores Espirituais, que avaliam nosso processo reencarnatório. O que Nosso Senhor disse no momento final de seu martírio, "PAI, PERDOAI-OS, PORQUE NÃO SABEM O QUE FAZEM", serve a todas as religiões, a todas as seitas religiosas, mas não aos espíritas, pois estes sabem o que fazem. Tanto é verdade que a literatura espírita registrou o encontro entre o apóstolo de sacramento, Eurípedes Barsanulfo, e Nosso Senhor, quando ouviu deste, banhado em lágrimas: "CHORO POR AQUELES QUE CONHECEM O EVANGELHO E NÃO O PRATICAM".

O médico é o sacerdote de Nosso Senhor na ciência médica, mas o médium recebe o mandato mediúnico via compromisso firmado no Plano Espiritual. O que tem sido provado é que a mediunidade começa onde a medicina conhece limites, o que ocorre em todas as cidades do país. Quando o próprio médico diz: "Seu caso é para centro espírita." Fato notório, uma vez que a Doutrina Espírita nos esclarece que todas as doenças do corpo físico têm seu princípio e registro no corpo espiritual, ou perispirito.

Aí surge a indagação: estamos preparados? Confiamos em nosso recado mediúnico?

Vejamos: a) como está minha disposição, quero mesmo curar meu semelhante?; b) já iniciei minha autocura, ou seja, a mudança de hábitos?; c) e a minha disciplina, será que lembro como foi o primeiro encontro entre Chico e Emmanuel, quando Chico questiona seu mentor sobre o que deveria fazer para iniciar seu trabalho mediúnico e Emmanuel respondeu: disciplina, disciplina, disciplina; d) Disciplina em centro espírita significa seguir os postulados e orientações espirituais: no dia do tratamento, não comer carne, não ingerir bebidas alcoólicas, não ver novelas, filmes, preparar-se com leitura em casa, chegar com, no mínimo, 15 minutos de antecedência à reunião; não faltar nunca, somente em casos graves, a uma reunião de tratamento, pois o Amigo Espiritual vem primeiro e o espera em vão, e isto não pode e não deve acontecer. Evitar qualquer tipo de conversa no ambiente de tratamento, apenas cumprimentar com sorrisos e deixar para o término o abraço de recompensa de mais uma etapa vencida.

Antes de falar como deve ser feito o tratamento, busquemos um pouco de lição em André Luiz, na obra *Nosso Lar*, de Chico

Xavier, quando André Luiz noticia a existência de dois ministérios da comunicação: o do Centro de Mensageiros, destinados à preparação de entidades destinadas ao socorro e ao auxílio aos que sofrem no Umbral, na Crosta e nas Trevas; e Companheiros, que tem por missão a difusão de esperanças e de consolos. Na mesma obra, André Luiz informa-nos: Médiuns e Doutrinadores saem daqui às centenas, anualmente, tarefeiros do conforto espiritual. Onde Tobias complementa: preparados, o que não significa garantia de realização. Quando André Luiz focaliza enfaticamente: a tarefa mediúnica exige esforço e, no campo da redenção humana, renúncia e altruísmo, e acrescenta: esquecido o espírito missionário e de dedicação aos semelhantes, uns e outros se reduzem a instrumentos inúteis. Aduz, ainda, Tobias: raros triunfam porque quase todos estamos ainda ligados a extenso pretérito de erros criminosos, que nos deformam a personalidade... agarrados ao mal, esquecemos o bem, chegando, por vezes, ao disparate de interpretar dificuldades como punições.

Neio Lúcio recorda-nos a passagem de Tadeu com Nosso Senhor, quando o primeiro pergunta ao Mestre: como exaltar a espiritualidade divina, se a animalidade grita mais alto em minha própria natureza? Obtendo do Senhor a resposta: – Retoma tua missão. Se não a pode exercer, por enquanto, como homem purificado, faça-a na posição de intermediário útil e valioso.

Conta-nos nosso benfeitor, Neio Lúcio, que um sacerdote, comentando os sete pecados capitais, queria informações sobre como deveria agir nas orientações aos semelhantes. Este ouviu do anjo que, se todos trabalhassem para o bem de todos, não existiriam pecados capitais.

Vale aqui a lição de Telésforo: "Deixemos as escusas e cesse para nós outros a concepção de que a Terra é o vale tenebroso, destinado a quedas lamentáveis, e agasalhemos a certeza de que a esfera carnal é uma grande oficina de trabalho redentor. Preparemo-nos para a cooperação eficiente e indispensável. Esqueçamos os erros do passado e lembremo-nos de nossas obrigações fundamentais".

Meus irmãos, não abandonem nossos deveres no meio da tarefa... O Senhor renova diariamente nossas benditas oportunidades de trabalho, mas para atingirmos os resultados é indispensável, imprescindível, que sejamos seguidores da remuneração de nossa libertação. Ninguém espere subir, espiritualmente, sem esforço, suor e lágrimas...

O compromisso da mediunidade é feito diretamente com a Espiritualidade Maior. O mandato mediúnico é obra do Senhor, que nos concede a oportunidade da tarefa de somar talentos para uma vida melhor aqui e muitos mais ainda no plano extrafísico... A responsabilidade do médium na tarefa de cura é gigantesca, incomensurável... E seu abandono não só registra a posição do médium caído como assume débitos de comprometimento cármico... Daí não sairá enquanto não pagar ceitil por ceitil...

O Inciso 5, capítulo XIX, do *Evangelho segundo o Espiritismo* ensina-nos: "O poder da fé recebe uma aplicação direta e especial na ação magnética; por ela o homem age sobre o fluido, agente universal, lhe modifica as qualidades e lhe dá uma impulsão, por assim dizer, irresistível. Por isso, aquele que, a um grande poder fluídico normal junta uma fé ardente, pode apenas pela vontade dirigida para o bem, operar esses fenômenos estranhos de cura e outros que, outrora, passariam por prodígios e que não são todavia, senão as consequências de uma lei natural. Tal o motivo pelo qual Jesus disse aos seus apóstolos: se não curastes é que não tínheis fé."

Na contramão da quase impossibilidade do médium de cura, uma vez que isso somente foi possível em Nosso Senhor, Eurípedes Barsanulfo, Dr. Bezerra de Menezes, Chico Xavier e outros médiuns curadores, devemos estudar o magnetismo e tornar-nos médiuns magnetizadores, cujo efeito pode chegar até a cura. Graças a esse processo podemos auxiliar no tratamento de todas as doenças, tanto é assim que Kardec, na *Revista Espírita*, em junho de 1867, página 193, afirma: "O magnetismo desenvolvido pelo espiritismo é a chave da abóbada das saúdes moral e material da humanidade futura".

Dos Primeiros Passos

Para organizar a equipe de médiuns, observa-se a folha de serviço de cada um, a disciplina, a conduta espírita, o valor moral, os valores éticos, o amor aos semelhantes, sua paciência, tranquilidade, enfim, o somatório de bondades, para fazer parte da equipe de magnetizadores.

Montada a equipe, escolhe-se um local adequado, uma sala ligada ao centro espírita, onde devem ser colocadas macas de média altura, situação mais cômoda, pois a aplicação dos fluídos magnéticos demanda tempo e pode gerar cansaço. O paciente ficará deitado e a equipe providenciará o tratamento.

O ambiente deve ser de pouca luz, com músicas clássicas, principalmente Beethoven, Mendelsohn, Schubert, André Rieu, Bach e outros... Um vaso de flores novas é bem-vindo. Copos para colocar água a ser magnetizada.

Os médiuns devem chegar com, no mínimo, 15 minutos de antecipação para preparação ambiental, a qual deverá ser feita homogeneizando o ambiente com leitura silenciosa de obras de Chico Xavier, André Luiz, Emmanuel e outros da equipe do Chico.

A seguir, após os 15 minutos, inicia-se a sessão. Todos de mãos dadas, escolhe-se um para proferir a prece, que deve ser calma, simples, dotada de pureza sentimental, tocando os corações com o filtro do amor, saturando o ambiente das mais puras energias. Feito isso, abre-se o evangelho e lê-se a lição sorteada, sem comentar o conteúdo, pois o evangelho fala por si mesmo, evitando-se delongas e cansaços. Durante a prece, todos devem orar: "A prece coletiva tem força muito grande quando feita por um certo número de pessoas, agindo de acordo com uma fé viva e um ardente desejo de aliviar" (*Revista Espírita*, ago. 1864, p. 16). Vejamos o valor do grupo: "Prova a experiência, pelos resultados obtidos, o poder do concurso simultâneo de várias pessoas unidas na mesma intenção é necessária" (*Revista Espírita*, ago. 1864, p. 230).

Em *Missionários da Luz*, busquemos André Luiz, quando afirma: "Observei que muitos servidores de nossa esfera mantinham-se de mãos dadas, formando extensa corrente protetora da mesa consagrada aos serviços da noite. Aí, Alexandre explicou – trata-se da cadeia magnética (também chamada corrente magnética) necessária à eficiência de nossa tarefa de doutrinação. Sem essa rede de forças positivas, que opera a vigilância indispensável, não teríamos elementos para conter as entidades perversas e recalcitrantes." Daí a explicação de por que Eurípedes Barsanulfo fazia a corrente magnética antes de qualquer trabalho mediúnico. Sempre em forma de círculo, todos de mãos dadas, constituindo o aparato de luz e formando a corrente magnética... Lembremo-nos de que a corrente é sempre magnética, e não física. Portanto, a mediunidade é fator preponderante nos tratamentos em centros espíritas. Mas é necessário firmar aqui que o médium espírita tem conotação diferenciada. Focado deve estar nos preceitos doutrinários, entrar em regime de renúncia, de autoburilamento, acelerar sua reforma íntima e lembrar que temos duas opções: permanecer na estrada larga (daí não sairá enquanto não pagar...) ou servir ao Consolador Prometido pela porta estreita, falando o bem, fazendo o bem, pensando o bem, testemunhando o bem, pois assim nos aproximamos da Espiritualidade Maior, que dará suporte aos nossos trabalhos e orientações.

Em *Obras Póstumas* (1995, p. 342), ensina-nos Kardec: "Esse curso teria a vantagem de fundar a unidade de princípios, de fazer adeptos esclarecidos, capazes de espalhar as idéias espíritas e de desenvolver grande número de médiuns." Portanto, a casa espírita é a escola mediúnica, lar de aprimoramento, universidade de esclarecimento maior para o desenvolvimento de nossas faculdades. Já no *Livro dos Médiuns* (2005 ed. especial, Lake, p. 43) enfatiza Kardec: "O que caracteriza um estudo sério é a continuidade".

Por outro lado, nós, que laboramos nos centros espíritas, devemos buscar uma paz interior, projetar muita luz, fidelidade total a Nosso Senhor, muito amor ao próximo e, acima de tudo à Doutrina Consoladora, tanto é assim que nos legou Dr. Bezerra de Menezes em *Dramas da Obsessão*, p. 145, a lição: "Daí porque a espiritualidade esclarecida recomenda, aos adeptos da grande doutrina, o máximo respeito nas assembléias espíritas, onde jamais deverão penetrar a frivolidade e a inconseqüência, a maledicência, a intriga, o mercantilismo e o mundanismo, o ruído e as atitudes menos graves, visto que estas são manifestações inferiores do caráter e da inconseqüência humana, cujo magnetismo, para tais assembléias e, portanto, para a agremiação que tais coisas permite, atrairá bandos de entidades hostis e malfeitoras do invisível, que virão a influir nos trabalhos posteriores, a tal ponto que poderão adulterá-los ou impossibilitá-los. Uma vez que tais ambientes se tornarão incompatíveis com a espiritualidade iluminada e benfazeja." Portanto, todo cuidado é pouco, o orai e vigiai deve ser empregado em seu total volume de expressão dentro da casa espírita. Pois, a bem da verdade, é a causa do Consolador, fazemos parte dela, da equipe que consola. Assim temos que gerar luz para clarear as trevas de nosso passado. O compromisso assumido com a Doutrina não permite qualquer atitude ou pensamento de ordem inferior, e a preocupação maior da Doutrina é "deletar" de nossa mente todo e qualquer tipo de fluído negativo, ou contagioso, evitando-se o comparecimento de outras entidades doentias e que colocam tudo a perder, sendo a responsabilidade de quem as atrai.

Busquemos aqui, em André Luiz, *Nos Domínios da Mediunidade*, p. 72: "é por isso que cada médium possui ambiente próprio e cada assembléia se caracteriza por uma corrente magnética particular de preservação e defesa. Nuvens infecciosas da terra são diariamente extintas ou combatidas pelas irradiações solares, e formações fluídicas, inquietantes, a todo momento são aniquiladas ou varridas do planeta pelas energias superiores do espírito. Os raios luminosos da mente orientada para o bem incidem sobre as construções do mal, à feição de descargas elétricas."

Busquemos a fonte máxima entre os humanos na esfera terrestre, nosso Profeta dos Milênios, o generoso Chico Xavier, em *Correio entre Dois Mundos*, p. 125, que assim se expressa: "É chegado o momento em que todo o bem, por menor que pareça, deve ser obra de cooperação de alma a alma, de coração a coração, porque, quando as sombras cobrem aparentemente a visão do céu, as estrelas parecem unirse, no infinito, em constelações luminosas." Você está diante de um momento de importância total na sua evolução mediúnica; se é capaz de assumir um compromisso de gigantes, então assuma a responsabilidade com a disciplina da casa espírita. Se não for capaz de realizar e participar das reuniões mediúnicas de cura, não assuma esse compromisso, pois a responsabilidade cobrar-lhe-á tributos pesados. Não assuma compromisso se não for capaz de cumpri-lo.

Quem é Jesus?

Para o cego, Jesus é luz. (Mateus 14.6)

Para o faminto, Jesus é o pão. (João 6.35)

Para o sedento, Jesus é a fonte. (João 4.14)

Para o morto, Jesus é a vida. (João 14.6)

Para o enfermo, Jesus é a cura. (Marcos 5.29)

Para o prisioneiro, Jesus é a liberdade. (Jó 19.25)

Para o solitário, Jesus é o companheiro. (Mateus 28.20)

Para o mentiroso, Jesus é a Verdade. (João 1.17)

Para o viajante, Jesus é o caminho. (Hebreus 9.8)

Para o visitante, Jesus é a porta. (autor desconhecido)

Para o sábio, Jesus é a sabedoria. (Lucas 3.46-47)

Para a medicina, Jesus é o médico dos médicos.

Para o réu, Jesus é o advogado. (João 2.1)

Para o advogado, Jesus é o Juiz. (Timóteo 4.8)

Para o Juiz, Jesus é a justiça. (Lucas 7.29)

Para o cansado, Jesus é o alívio. (Mateus 11.28)

Para o medroso, Jesus é a coragem. (João 10.11)

Para o agricultor, Jesus é a árvore que dá fruto. (autor desconhecido)

Para o pedreiro, Jesus é a pedra principal. (Lucas 20.17)

Para o jardineiro, Jesus é a rosa de Sharon. (autor desconhecido)

Para o floricultor, Jesus é o lírio dos vales. (autor desconhecido)

Para o tristonho, Jesus é a alegria. (autor desconhecido)

Para o leitor, Jesus é a palavra. (autor desconhecido)

Para o pobre, Jesus é o tesouro. (autor desconhecido)

Para o devedor, Jesus é o perdão. (autor desconhecido)

Para mim, Ele é TUDO!!! (autor desconhecido)

Subsídios para os Médiuns

(O Espírito da Verdade)

Não há fé construtiva onde falta respeito ao cumprimento das próprias obrigações (RENDE CULTO AO DEVER).

A mediunidade é um arado divino que o óxido da preguiça enferruja e destrói (TRABALHA ESPONTANEAMENTE).

Como as árvores frutíferas, espalhadas no solo, cada talento mediúnico tem sua utilidade e sua expressão (NÃO TE CREIAS MAIOR OU MENOR).

As dádivas do Senhor, como sejam o fulgor das estrelas e a carícia da fonte, o lume da prece e a bênção da coragem, não têm preço na Terra (NÃO ESPERES RECOMPENSA NO MUNDO).

Todos os companheiros são chamados a cooperar no conjunto das boas obras, a fim de que se elejam à posição de escolhidos para tarefas mais altas (NÃO CENTRALIZES A AÇÃO).

Todo bem, muito antes de externar-se por intermédio desse ou daquele intérprete da verdade, procede originariamente de Deus (NÃO TE ENCARCERES NA DÚVIDA).

A luz do conhecimento armar-te-á o espírito contra as armadilhas da ignorância (ESTUDE SEMPRE)

Cultive a caridade e a brandura, a compreensão e a tolerância, porque os mensageiros do amor encontram dificuldade enorme para se exprimirem com segurança por meio de um coração conservado em vinagre (NÃO TE IRRITES).

O ácido da crítica não te piora a realidade, a praga do elogio não te altera o modo justo de ser, e, ainda mesmo que te categorizem à conta de mistificador ou embusteiro, esquece a ofensa com que te espanquem o rosto e, guardando o tesouro da consciência limpa, segue adiante, na certeza de que cada criatura percebe a vida do ponto de vista em que se coloca (DESCULPA INCESSANTEMENTE).

Lembra-te da humildade do Cristo e recorda que, ainda Ele, anjo em forma de homem, estava cercado de adversários gratuitos e de verdugos cruéis, quando escreveu na cruz, com suor e lágrimas, o divino poema da eterna ressurreição (NÃO TEMAS PERSEGUIDORES).

Procura, pois, revestir as próprias manifestações, perante aqueles que te rodeiam, com os recursos da simpatia que ajuda e compreende, e da bondade que concede e perdoa, ampliando a misericórdia no mundo e fortalecendo a fraternidade entre todas as criaturas.

Cura Espiritual

(O Espírito da Verdade)

Comece orando. A prece é luz na sombra em que a doença se instala.

Semeie alegria. A esperança é medicamento no coração.

Fuja da impaciência. Toda irritação é desastre magnético de consequências imprevisíveis.

Guarde confiança. A dúvida deita raios de morte.

Não critique. A censura é choque nos agentes da afinidade.

Conserve brandura. A palavra agressiva prende o trabalho na estaca zero.

Não se escandalize. O corpo de quem sofre é objeto sagrado.

Ajude espontaneamente para o bem. Simpatia é cooperação.

Não cultive desafetos. Aversão é calamidade vibratória.

Interprete o doente qual se fosse você mesmo. Toda cura espiritual lança raízes sobre a força do AMOR.

Água Fluidificada

(Nos Domínios da Mediunidade)

Por intermédio da água fluidificada, precioso esforço de medicação pode ser levado a efeito. Há lesões e deficiências no veículo espiritual a se estamparem no corpo físico, que somente a intervenção magnética consegue aliviar, até que os interessados se disponham à própria cura.

Não há Boa Mediunidade sem a Reforma Íntima

(Nos Domínios da Mediunidade).

Médiuns somos todos nós, nas linhas de atividade em que nos situamos.

A força psíquica, nesse ou naquele teor de expressão, é peculiar a todos os seres, mas não existe aperfeiçoamento mediúnico sem acrisolamento da individualidade.

É contraproducente intensificar a movimentação da energia sem disciplinar-lhe os impulsos.

É perigoso possuir sem saber usar.

O espelho sepultado na lama não reflete o esplendor do sol.

O lago agitado não retrata a imagem da estrela que jaz no infinito.

Elevemos nosso padrão de conhecimento pelo estudo bem conduzido e apuremos a qualidade de nossa emoção pelo exercício constante das virtudes superiores, se nos propormos a recolher a mensagem das Grandes Almas.

Mediunidade não basta só por si.

É imprescindível saber que tipo de onda mental assimilamos para conhecer a qualidade de nosso trabalho e o ajuizar de nossa direção.

Evangelize-se para evangelizar. Ame muito. Usando aqui a lição de Madre Tereza: "Doe até doer." E buscando Francisco de Assis: "É amando que se é amado, é dando que recebemos, é perdoando que somos perdoados".

Orientação aos Doentes

Além do tratamento aqui indicado, é necessário ter bom diálogo com o enfermo. Lembrando aqui o que nos legou Nosso Senhor: – Vá e não peques mais.

Assim, orientá-lo da necessidade do bom pensamento, da boa conduta, da folha de serviço no bem, indicando-lhe os serviços que a casa oferece.

E, finalmente, dando-lhe um exemplar do EVANGELHO SEGUNDO O ESPIRITISMO.

Médiuns Curadores

(Revista Espírita, 1864)

Um oficial de caçadores, espírita de longa data, é um dos numerosos exemplos de reformas morais que o espiritismo pode operar, e transmite estes detalhes:

"Caro mestre, aproveitamos as longas horas de inverno para nos entregarmos com ardor ao desenvolvimento de nossas faculdades mediúnicas. A tríade do 4º de caçadores, sempre unido, sempre vivo, inspira-se em seus deveres e ensaia novos esforços.

Sem dúvida desejais conhecer o objeto de nossos trabalhos a fim de saber se o campo que cultivamos não é estéril. Desde alguns meses nossos trabalhos tem por objetivo o estudo dos fluidos. Este estudo desenvolveu em nós a mediunidade curadora; assim, agora a aplicamos com sucesso. Há alguns dias, uma simples emissão fluídica de cinco minutos com minha mão, bastou para uma nevralgia violenta".

Há 28 anos a Sr.ª P. estava afetada por uma hiperestesia aguda ou exagerada sensibilidade da pele, moléstia que há 15 anos a retinha no quarto. Mora numa pequena cidade vizinha; e tendo ouvido falar de nosso grupo espírita veio buscar alívio conosco. Ao cabo de 35 dias partiu, completamente curada. Durante esse tempo recebeu diariamente um quarto de hora de emissão fluídica, com o concurso de nossos guias espirituais. Ao mesmo tempo estendíamos os nossos cuidados a um epilético, ferido por esse mal há 27 anos. As crises se repetiam quase todas as noites, durante as quais a mãe passava longas horas à sua cabeceira.

Trinta e cinco dias bastaram para essa cura importante; e aquela mãe estava feliz levando o filho radicalmente curado! Nós nos revezávamos os três de oito em oito dias. Para a emissão do fluido, ora colocávamos a mão no vazio do estômago do doente, ora sobre a nuca, na raiz do pescoço. Cada dia o doente podia constatar a melhora; nós mesmos, após a evocação e no recolhimento, sentíamos o fluido exterior nos invadir, passar em nós e escapar-se dos dedos estirados e do braço distendido para o corpo do paciente que tratávamos.

Neste momento damos os nossos cuidados a um segundo epilético. Desta vez a moléstia talvez seja mais rebelde, por ser hereditária. O pai deixou nos quatro filhos o germe desta afecção. Enfim, com a ajuda de Deus e dos bons Espíritos, esperamos reduzi-la nos quatro.

Caro mestre, reclamamos o socorro de vossas preces e das dos irmãos de Paris. Esse auxílio será para nós um encorajamento e um estimulante aos nossos esforços. Depois, vossos bons Espíritos podem vir em nosso auxílio, tornar o tratamento mais salutar e abreviar a sua duração.

Não aceitamos como recompensa, como podeis compreender, e ela deve ser bastante, senão a satisfação de ter feito o nosso dever e ter obedecido ao impulso dos bons Espíritos. O verdadeiro amor ao próximo traz consigo uma alegria sem mescla e deixa em nós algo de luminoso, que encanta e eleva a alma. Assim procuramos, tanto quanto nos permitem, nossas imperfeições, compenetrarmo-nos dos deveres do verdadeiro Espírita, que não deve ser senão a aplicação dos preceitos evangélicos.

"O Sr.G. de L. deve trazer-nos o seu cunhado, que um Espírito malévolo subjuga há dois anos. Nosso guia espiritual Lamennais nos encarrega do tratamento desta rebelde obsessão. Deus nos dará também o poder de expulsar os demônios? Se assim fosse, teríamos que nos humilhar ante tão grande favor, em vez de nos orgulharmos. Quanto maior ainda não seria para nós a obrigação de nos melhorarmos, para testemunhar o nosso reconhecimento e para não perdermos dons tão preciosos?"

Lida essa carta tão interessante na Sociedade Espírita de Paris, na sessão de 18 de dezembro 1863, um dos nossos bons médiuns obteve espontaneamente as duas comunicações seguintes:

"Existindo no homem a vontade em diferentes graus de desenvolvimento, em todas as épocas tanto serviu para curar, quanto para aliviar." É lamentável ser obrigado a constatar que, também, foi fonte de muitos males, mas é uma das consequências do abuso que, muitas vezes, o ser faz do livre arbítrio.

A vontade tanto desenvolve o fluido animal quanto o espiritual, porque, todos sabeis agora, há vários gêneros do magnetismo, em cujo número estão o magnetismo animal, e o magnetismo espiritual, que, conforme a ocorrência, pode pedir apoio ao primeiro. Um outro gênero de magnetismo, muito mais poderoso ainda, é a prece que uma alma pura e desinteressada dirige a Deus. "A vontade muitas vezes foi mal compreendida. Em geral o que magnetiza não pensa senão em desdobrar sua força fluídica, derramar seu próprio fluido sobre o paciente submetido aos seus cuidados, sem se ocupar se há ou não uma Providência interessada no caso tanto ou mais que ele. Agindo só não pode obter senão o que a sua força, sozinha, pode produzir; ao passo que os médiuns curadores começam por elevar sua alma a Deus, e a reconhecer que, por si mesmos, nada podem.

Fazem, por isso mesmo, um ato de humildade, de abnegação; então, confessando-se fracos por si mesmos, em sua solicitude, Deus lhes envia poderosos socorros, que o primeiro não pode obter, por se julgar suficiente para o empreendimento. Deus sempre recompensa o humilde sincero, elevando-o, ao passo que rebaixa o orgulhoso. Esse socorro que envia são os bons Espíritos que vem penetrar o médium de seu fluido benéfico, que é transmitido ao doente. Também é por isto que o magnetismo empregado pelos médiuns curadores é tão potente e produz essas curas qualificadas e miraculosas, e que são devidas simplesmente à natureza do fluido derramado sobre o médium; ao passo que o magnetizador ordinário se esgota, por vezes em vão, a fazer passes, o médium curador infiltra um fluido regenerador pela simples imposição das mãos, graças ao concurso dos bons Espíritos. Mas esse concurso só é concedido à fé sincera e a pureza de intenção."

"Uma palavra sobre os médiuns, dos quais acabais de falar. Então todos nas mais louváveis disposições; tem a fé que levanta montanhas, o desinteresse que purifica os atos da vida e a humildade que os santifica. Que perseverem na obra de beneficência, que empreenderam; que se lembrem bem que aquele que prática as leis sagradas que o Espiritismo ensina, aproxima-se constantemente do Criador. Que, ao empregarem sua faculdade, a prece, que é a vontade mais forte, seja sempre o seu guia, seu ponto de apoio. Em toda a sua existência, o Cristo vos deu a mais irrecusável prova da vontade mais firme; mas era a vontade do bem e não a do orgulho. Quando, por vezes, dizia eu quero, a palavra estava cheia de unção; seus apóstolos, que o cercavam, sentiam abrir-se o coração a esta palavra. A doçura constante do Cristo, sua submissão à vontade de seu Pai, sua perfeita abnegação, são os mais belos modelos da vontade que se possa propor para exemplo."

Algumas explicações facilmente darão a compreender o que se passa nessa circunstância. Sabe-se que o fluido magnético ordinário pode dar a certas substâncias propriedades particulares ativas. Nesse caso, age de certo modo como agente químico, modificando o estado molecular dos corpos; não há, pois, nada de admirar que possa modificar o estado de certos órgãos; mas compreende, igualmente, que sua ação, mais ou menos salutar, deve depender de sua qualidade; daí as expressões "bom ou mau fluido; fluido agradável ou penoso." Na ação magnética propriamente dita, é o fluido pessoal do magnetizador que é transmitido, e esse fluido, que não é senão o perispírito, sabe-se que participa sempre, mais ou menos, das qualidades materiais do corpo, ao mesmo tempo que sofre a influência moral do Espírito. É, pois, impossível que o fluido próprio de um encarnado seja de uma pureza absoluta, razão por que sua ação curativa é lenta, por vezes nula, outras vezes nociva, porque transmite ao doente princípios mórbidos. Desde que um fluido seja bastante abundante e enérgico para produzir efeitos instantâneos de sono, de catalepsia, de atração ou de repulsão, absolutamente não se segue que tenha as necessárias qualidades para curar; é a força que derruba, mas não o bálsamo que suaviza e restaura; assim, há Espíritos desencarnados de ordem inferior, cujo fluido pode ser mesmo muito maléfico, o que os Espíritas a cada passo têm ocasião de constatar. Só nos Espíritos superiores o fluido perispiritual está despojado de todas as impurezas da matéria; está, de certo modo, quintessenciado; sua ação, por conseguinte, deve ser mais salutar e mais pronta: é o fluido benfazejo por excelência. E, desde que não pode ser entre os desencarnados vulgares, então é preciso pedi-los aos Espíritos elevados, como se vai procurar em terras distantes os remédios que se não encontram na própria. O médium curador emite pouco de seu fluido; sente a corrente do fluido estranho que o penetra e ao qual serve de condutor; é com esse fluido que magnetiza, e aí está o que caracteriza o magnetismo espiritual e o distingue do magnetismo animal: um vem do homem, o outro, dos Espíritos. Como se vê, aí nada de maravilhoso, mas um fenômeno resultante de uma lei da natureza que não se conhecia.

Para curar pela terapêutica ordinária não bastam os primeiros medicamentos que surgem; são precisos puros, não avariados ou adulterados, e convenientemente preparados. Pela mesma razão, para curar pela ação fluídica, os fluidos mais depurados são os mais saudáveis; desde que esses fluidos benéficos são dos Espíritos superiores, então é o concurso deles que é preciso obter. Por isto a prece e a invocação são necessárias. Mas para orar, e sobretudo orar com fervor, é preciso fé. Para que a prece seja escutada, é preciso que seja feita com humildade e dilatada por um real sentimento de benevolência e de caridade. Ora, não há verdadeira caridade sem devotamento, nem devotamento sem desinteresse. Sem estas condições o magnetizador, privado da assistência dos bons espíritos, fica reduzido a suas próprias forças, por vezes insuficientes, ao passo que, com o concurso deles, elas podem ser centuplicadas em poder e em eficácia. Mas não há licor, por mais puro que seja, que não se altere ao passar por um vaso impuro; assim como o fluido dos Espíritos superiores ao passar pelos encarnados. Daí, para os médiuns nos quais se revela essa preciosa faculdade, e que querem vê-la crescer, a necessidade de trabalhar o seu melhoramento moral.

Entre o magnetizador e o médium curador há, pois, esta diferença capital, que o primeiro magnetiza com o seu próprio fluido, e o segundo com o fluido depurado dos Espíritos. De onde se segue que estes últimos dão o seu concurso a quem querem, quando querem: que podem recusá-lo e, consequentemente, tirar a faculdade daquele que dela abusasse ou desviasse de seu fim humanitário e caridoso, para dela fazer comércio. Quando Jesus disse aos apóstolos: "Ide! Expulsai os demônios. Curai os doentes.", acrescentou: "Dai de graça o que de graça recebeste".

Os médiuns curadores tendem a multiplicar-se, como anunciaram os Espíritos, isso em vista de propagar o Espiritismo, impressão que essa nova ordem de fenômenos não deixará de produzir nas massas, porque não há quem não ligue para a sua saúde, mesmo os incrédulos. Assim, então, quando virem obter por meio do espiritismo o que a ciência não pode dar, há de convir que há uma força fora do nosso mundo. Assim a ciência será conduzida a sair da via exclusivamente material, em que ficou até hoje: quando os magnetizadores antiespiritualistas ou antiespiritas virem que existe um magnetismo mais poderoso que o seu, serão forçados a remontar a verdadeira causa.

Contudo importa premunir-se contra o charlatanismo, que não deixará de tentar explorar em proveito próprio essa nova faculdade. Há para isso um meio simples: lembrar-se de que não há charlatanismo desinteressado, e que o desinteresse absoluto, material e moral é a melhor garantia de sinceridade. Se há uma faculdade dada por Deus com esse objetivo santo, sem a menor dúvida é essa, pois que exige imperiosamente o concurso dos Espíritos superiores, e este não pode ser adquirido pelo charlatanismo. É para que se fique edificado quanto à natureza toda especial dessa faculdade que descrevemos com alguns detalhes. Contanto tenhamos podido constatar-lhe a existência por fatos autênticos, muitos dos quais passados aos nossos olhos, pode dizer-se que ainda é rara, e que só existe parcialmente nos médiuns que a possuem, quer por não terem todas as qualidades requeridas para sua posse em toda a plenitude, quer por estar ainda em começo. Eis porque até hoje os fatos não tiveram muita repercussão; mas não tardarão a tomar desenvolvimentos de natureza a chamar a atenção geral. Daqui a poucos anos ela se revelará em algumas pessoas predestinadas para isso, com uma força que triunfará de muitas obstinações.

Mas não são os únicos fatos que o futuro nos reserva, e pelos quais Deus confundirá os orgulhosos e os convencerá de sua impotência. Os médiuns curadores são um dos mil meios providenciais para atingir esse objetivo e apressar o triunfo do Espiritismo. Compreende-se facilmente que essa qualificação não pode ser aos médiuns escreventes que recebem receitas médicas de certos Espíritos.

Não encaramos a mediunidade curadora senão do ponto de vista fenomênico e como meio de propagação, mas não como recurso habitual. Em próximo artigo trataremos de sua possível aliança com a medicina e o magnetismo ordinários.

Um Caso de Possessão

(Revista Espírita, 1864)

No artigo anterior descrevemos a triste situação de K... e as circunstâncias que provarão uma verdadeira possessão. Somos felizes ao confirmar o que dissemos de sua carta, hoje completa. Depois de liberta de seu espírito obsessor, os violentos abalos que tinha sofrido por mais de seis meses a haviam levado à grave perturbação da saúde. Agora está inteiramente recuperada, mas não saiu do estado sonambúlico, o que não a impede de ocupar-se dos trabalhos habituais.

Vamos expor as circunstâncias dessa cura.

Várias pessoas tinham tentado magnetizá-la, mas sem muito sucesso, salvo leve e passageira melhora no estado patológico. Quanto ao Espírito, era cada vez mais tenaz, e as crises haviam atingido um grau de violência dos mais inquietadores. Teria sido necessário um magnetizador nas condições indicadas no artigo anterior para os médiuns curadores, isto é, penetrando a doente com um fluido bastante puro para eliminar o fluido do mau Espírito. Se há um gênero de mediunidade que exija uma superioridade moral, é sem contradita no caso de obsessão, pois é preciso ter o direito de impor sua autoridade ao Espírito. Os casos de possessão, segundo o que é anunciado, devem multiplicar-se com grande energia daqui a algum tempo, para que fique bem demonstrada a impotência dos meios empregados até agora para combatê-los. Até uma circunstância, da qual não podemos ainda falar, mas que tem uma certa analogia com o que se passou ao tempo do Cristo, contribuirá para desenvolver essa espécie de epidemia demoníaca. Não é duvidoso que surjam médiuns especiais com o poder de expulsar os maus Espíritos, como os apóstolos tinham o de expulsar os espíritos maus, seja porque Deus sempre põe o remédio ao lado do mal, seja para dar aos incrédulos uma nova prova da existência dos Espíritos. Para a senhorita Júlia, como em todos os casos análogos, o magnetismo simples, por mais enérgico que fosse, era, assim, insuficiente. Era preciso agir simultaneamente sobre o Espírito obsessor, para o dominador, e sobre o moral da doente, perturbado por todos esses abalos; o mal físico era apenas consecutivo; era efeito, e não causa. Assim, havia que tratar-se a causa antes do efeito. Destruído o mal moral, o mal físico desaparecia por si mesmo. Mas para isso é preciso identificar-se com a causa; estudar com o maior cuidado e em todas as suas nuances o curso das ideias, para lhe imprimir tal ou qual direção mais favorável, porque os sintomas variam conforme o grau de inteligência do paciente, o caráter do Espírito e os motivos da obsessão, motivos cuja origem remonta quase sempre a existências anteriores.

O insucesso do magnetismo com a senhorinha Júlia levou várias pessoas a tentar, nesse número estava um jovem dotado de grande força fluídica, mas que, infelizmente, não tinha qualquer experiência e, sobretudo, os conhecimentos necessários em casos semelhantes. Ele se atribuía um poder absoluto sobre os Espíritos inferiores, que, segundo ele, não podiam resistir à sua vontade. Tal pretensão, levada ao excesso e baseada em sua força pessoal, e não na assistência dos bons Espíritos, deveria atrair-lhe mais um insucesso. Só isto deveria ter bastado para mostrar aos amigos da jovem que lhe faltava a primeira das qualidades requeridas para ser um socorro eficaz. Mas o que, acima de tudo, deveria tê-los esclarecido é que sobre os Espíritos em geral tinha ele uma opinião inteiramente falsa. Segundo ele, os Espíritos superiores têm uma natureza fluídica muito etérea para poder vir à Terra comunicar-se com os homens e os assistir; isto só é possível aos Espíritos superiores por outros inferiores, em razão de sua natureza mais grosseira. Essa opinião, que não passa da Doutrina da comunicação exclusiva dos demônios, ele cometia o grave erro de sustentá-la em frente à doente, mesmo nos momentos de crise. Com essa maneira de ver, ele não devia contar senão consigo mesmo, e não podia invocar a única assistência que poderia ajudá-lo, assistência de que, é verdade, julgava ele poder prescindir. A consequência mais prejudicial era para a doente, que ele desencorajava tirando-lhe a esperança da assistência dos bons Espíritos. No estado de enfraquecimento em que estava o seu cérebro, uma tal crença, que dava todo poder ao Espírito obsessor, poderia tornar-se fatal para a sua razão, podendo mesmo matá-la. Assim, ela repetia sem cessar, nos momentos de crise: "Louca... louca... ele me põe louca... completamente louca... eu ainda não estou, mas ficarei." Falando de seu magnetizador, ela pintava perfeitamente sua ação, dizendo: "Ele me dá a força do corpo do espírito." Esta expressão era profundamente significativa, contudo ninguém lhe dava importância.

Quando vimos a senhorita Júlia, o mal estava no apogeu, e a crise a que assistimos foi uma das mais violentas. Foi momento em que procurávamos levantar-lhe o moral e inculcar-lhe o pensamento de que podia dominar esse mau Espírito, com a assistência dos bons e de seu anjo de guarda, cujo apoio era preciso invocar. Foi nesse momento, dizíamos, que o jovem magnetizador, que estava presente, por uma circunstância sem dúvida providencial, veio, sem qualquer provocação, afirmar e desenvolver sua teoria, destruindo por um lado o que fazemos por outro. Tivemos que lhe expor com energia que praticava uma ação má e assumia a terrível responsabilidade da razão e da vida dessa moça infeliz.

Um fato dos mais singulares, que todos tinham observado, mas ninguém lhe deduzira as consequências, produzira-se na magnetização. Quando era feita durante a luta com o mau Espírito, este, só, absorvia todo o fluido, que lhe dava mais força, enquanto a doente enfraquecia e sucumbia aos seus ataques. Deve lembrar-se de que ela estava sempre em sonambulismo; assim, via o que se passava, e foi ela mesma quem deu a explicação. Não viram no fato senão uma malícia do Espírito e contentavam-se em se absterem de magnetizar nestes momentos e ficar assistindo à festa. Com o conhecimento da natureza dos fluidos, é fácil dar-se conta desse fenômeno. É evidente, para começar, que, absorvendo o fluido para aumentar a força em detrimento da doente, o Espírito queria convencer o magnetizador da inutilidade de sua pretensão. Se havia malícia de sua parte, era contra o magnetizador, pois se servia da mesma arma com a qual este pretendia vencê-lo. Pode dizer-se que lhe tomava o bastão das mãos. Era evidente que a sua facilidade de se apropriar do fluido do magnetizador denotava uma afinidade entre esse fluido e o seu próprio, ao passo que fluidos de natureza contrária se teriam repelido, como água e óleo.

Só esse fato basta para demonstrar que havia outras condições a preencher. É, pois, um erro dos mais graves e, podemos dizer, dos mais funestos não ver na ação magnética mais que simples emissão fluídica, sem levar em conta a qualidade íntima dos fluidos. Na maioria dos casos, o sucesso repousa inteiramente nessas qualidades, como na terapêutica depende-se da qualidade do medicamento. Não seria demais chamar a atenção para esse ponto capital, demonstrado, ao mesmo tempo, pela lógica e pela experiência.

Para combater a influência da Doutrina do magnetizador, que já havia influenciado as ideias da doente, dissemos a esta: "Minha filha, tenha confiança em Deus; olhe em sua volta. Não vê bons Espíritos?" – "É verdade, disse ela; vejo luminosos, que Fregunda não ousa encarar." – "Então! São os que vos protegem e não permitiram que o mau Espírito vença; implore a sua assistência; ore com fervor; ore sobretudo por Fregunda." – "Oh! Por ela jamais poderei." – "Cuidado! Veja que a estas palavras os bons Espíritas se afastam. Se quer sua proteção, é preciso merecê-la por seus bons sentimentos, esforçando-se sobretudo por ser melhor que a sua inimiga. Como quer que eles a protejam, se não for melhor que ela? Pense que em outras existências você terá censuras a se fazer; o que lhe acontece é uma expiação; se quer que esta cesse, terá que se melhorar e provar as boas intenções, começando por se mostrar boa e caridosa para os inimigos. A própria Fregunda será tocada e talvez você faça o arrependimento entrar no seu coração. Reflita." – "Eu o farei." – "Façam logo e diga comigo: Meu Deus, eu perdoo a Fregunda o mal que me fez; aceito-a como uma expiação que mereci. Perdoai minhas faltas, como eu perdoo as dela". E vós, bons Espíritos que me cercais, abri o seu coração a melhores sentimentos e dai-me a força que me falta. "Prometa orar por ela todos os dias." – "Prometo." – "Está bem. Por meu lado, vou cuidar de você e dela. Tenha confiança." – "Oh! Obrigada. Algo me diz que isto em breve vai acabar."

Tendo dado conta disso à Sociedade, foram dadas a respeito as seguintes instruções:

O assunto de que ocupais comoveu os próprios bons Espíritos, que, por sua vez, querem vir em auxílio dessa moça com seus conselhos. Com efeito, ela apresenta um caso de obsessão muito grave; e, entre os que viste e vereis ainda, pode-se pôr este entre um dos mais importantes, mais sérios e, sobretudo, mais interessantes pelas particularidades instrutivas, já apresentadas e que oferecerá de novo.

"Como já vos disse, esses casos de obsessão renovar-se-ão frequentemente, e fornecerão dois assuntos distintos e de utilidade, primeiro para vós, depois para os que as sofrerem.

Primeiro para vós, por isso que, assim como vários eclesiásticos contribuíram poderosamente para divulgar o Espiritismo entre os que lhe eram completamente estranhos, assim esses obsedados, cujo número tornar-se-á bastante importante para que deles se ocupem de maneira não superficial, mas larga e profunda, abrirão bem as portas da ciência para que a filosofia espírita possa com eles nela penetrar e ocupar, entre gente de ciência e os médiuns de todos os sistemas, o lugar a que tem direito.

Depois para eles, por isso que no estado de Espírito, antes de encarnar-se entre vós, eles aceitaram essa luta, que lhes proporciona a possessão que sofrem, em vista de seu adiantamento; e essa luta, acreditai, faz sofrer cruelmente seu próprio Espírito, que, quando seu corpo, de certo modo, não é mais seu, tem a perfeita consciência do que se passa. Conforme tiverem suportado essa prova, cuja duração lhes podereis abreviar poderosamente por vossas preces, terão progredido mais ou menos. Porque, tende certeza, mau agrado essa possessão, sempre momentânea, sempre guardam suficiente consciência de si mesmos, para discernir a causa e a natureza de sua obsessão".

Para esta que vos ocupa, é necessário um conselho. As magnetizações que lhe faz suportar o Espírito encarnado, de que falastes, são-lhe funestas, sob todos os aspectos. Aquele Espírito é sistemático. E que sistema! Aquele que não reporta todas as suas ações à maior glória de Deus, envaidece-se das faculdades que lhe foram concedidas, será sempre confundido; os presunçosos serão rebaixados, às vezes neste mundo, e infalivelmente no outro. Tratai, pois, meu caro Kardec, para que essas magnetizações cessem imediatamente, ou os mais graves inconvenientes resultarão de sua continuação, não só para a moça, mas ainda para o imprudente, que pensa ter às suas ordens todos os Espíritos das trevas e lhes dar ordens como chefe.

"Digo que vereis esses casos de obsessão e de possessão se desenvolveram durante um certo tempo, porque são úteis ao progresso da ciência e do Espiritismo. É por isto que os médicos e os sábios enfim abrirão os olhos e aprenderão que há moléstias cujas causas não estão na matéria e não devem ser tratadas pela matéria. Esses casos de possessão vão igualmente abrir ao magnetismo, horizontes totalmente novos e lhe fazer dar um grande passo à frente pelo estudo, até aqui tão imperfeito, dos fluidos. Ajudando por esses novos conhecimentos e por sua aliança com o Espiritismo, ele obterá grandes coisas. Infelizmente no magnetismo, como na medicina, durante muito tempo ainda, haverá homens que julgarão nada ter a aprender. Essas obsessões freqüentes terão, também um lado muito bom, por isso que, sendo penetrado pela prece e pela força moral, é possível fazê-las cessar e adquirir o direito de expulsar os maus Espíritos e, pelo melhoramento de sua conduta, cada um procurará adquirir o direito que o Espírito de verdade, que dirige este globo, conferirá quando for merecido. Tende fé e confiança em Deus, que não permite que se sofra inutilmente e sem motivo".

Serei breve. Será muito fácil curar essa infeliz possessa.

Os meios estavam implicitamente contidos nas reflexões há pouco emitidas por Allan Kardec. Não só é necessária uma ação material e moral, mas ainda uma ação puramente espiritual. O Espírito encarnado que, como Júlia, acha-se em estado de possessão necessita de um magnetizador experimentado e perfeitamente convicto da verdade espírita. É necessário que seja, além disso, de uma moralidade irreprochável e sem presunção. Mas, para agir sobre o Espírito obsessor, é necessária a ação não menos enérgica de um bom Espírito desencarnado. Assim, pois, dupla ação: terrena e extraterrena; encarnado sobre encarnado; desencarnado e sobre desencarnado; eis a lei. Se até agora tal não foi realizado, foi justamente para vos trazer ao estudo e à experimentação dessa interessante questão. É por isso que Júlia não se livrou mais cedo: ela devia servir para os vossos estudos.

Isso vos demonstra o que deveis fazer d'agora em diante, nos casos de possessão manifesta. É indispensável chamar em vossa ajuda o concurso de um Espírito elevado, gozando ao mesmo tempo de força moral e fluídica, como o excelente cura d'Ars; e sabeis que podeis contar com a assistência desse digno e Santo Vianney. Além disso, nosso concurso é dado a todos os que nos chamaram em auxílio, com pureza de coração e fé verdadeira.

"Resumindo: Quando magnetizarem Júlia, será preciso começar pela fervorosa evocação do cura d'Ars e outros bons Espíritos que se comunicam habitualmente entre vós, pedindo- lhes que hajam contra os maus Espíritos que perseguem essa moça, e que fugirão ante suas falanges luminosas. Também não esquecer que a prece coletiva tem uma força muito grande, quando feita por certo número de pessoas agindo de acordo, com uma fé viva e um ardente desejo de aliviar."

Essas instruções foram seguidas. Vários membros da Sociedade se entenderam para agir pela prece nas condições desejadas. Um ponto essencial era levar o Espírito obsessor a emendar-se, o que necessariamente deveria facilitar a cura. Foi o que se fez, evocando-o, dando-lhe conselhos; ele prometeu não mais atormentar a senhorita Júlia e manteve a palavra. Um dos nossos colegas foi especialmente encarregado por seu guia espiritual de sua educação moral, com o que ficou satisfeito. Hoje esse Espírito trabalha seriamente em sua melhora e pede uma nova encarnação para expiar e reparar as suas faltas.

A importância do ensinamento, que decorre desse fato e das observações a que deu lugar, não escapará a ninguém, e cada um poderá aí colher úteis instruções sobre as ocorrências. Uma observação essencial que o caso permitiu e que se compromete sem esforço é a influência do meio. É evidente que, se o meio secunda pela unidade de vistas, de intenção e de ação, o doente se acha numa espécie de atmosfera homogênea dos fluidos benéficos, o que se deve necessariamente facilitar e apressar o sucesso. Mas se houver desacordado, oposição; se cada um quiser agir à sua maneira, resultarão repelões, correntes contrárias que, forçosamente, paralisarão, e, por vezes, anularão os esforços tentados para a cura. Os eflúvios fluídicos, que constituem a atmosfera moral, se forem maus, são tão funestos a certos indivíduos quanto as exalações das regiões pantanosas.

Da ação magnética para a cura – vimos no seu todo a orientação traçada por Kardec –, de onde se extrai que o trabalho é feito em equipe, no mínimo três para cada paciente, um aplica os fluídos na parte superior da cabeça, outro na nuca, o outro no diafragma (boca do estômago), em profunda sintonia de amor, rompendo as camadas escuras de fluídos pesados doentios, que devem ser substituídos por outros magnetizados pela equipe no mais profundo amor e respeito pela Doutrina. Quando o trabalho é individual corre-se o risco de menor resultado. Além do mais, concentra-se a responsabilidade em uma só pessoa; caso ela vem a falhar ou a faltar o conjunto cai e chega a quase se extinguir, fato ocorrido em Congonhas, Palmelo, Recife e outros centros, colocando em risco a causa da Doutrina Espírita. Daí a necessidade de uma equipe formando a corrente magnética. A aplicação dos fluídos deve ser de 15 minutos ininterruptos para se obter um excelente resultado e promover diversas aplicações, no mínimo duas vezes por semana, até se obter resultado satisfatório.

Parte 2

Desobsessão ou Doutrinação Pública de Espíritos

Imaginemos um comboio férreo formado pela locomotiva e por diversos vagões, ou duas ou mais locomotivas e inúmeros vagões. Essa construção mental nos leva a outra atividade da casa espírita. Sendo incontáveis as desenvolvidas e desnecessárias à enumeração. Assim, temos em cada vagão uma atividade; e na locomotiva a desobsessão. Sabemos que a desobsessão representa o papel vital da casa espírita.

Abordemos o assunto da obsessão, sem dúvida alguma, a maior escolha que a humanidade inteira sofre, ou seja, somos todos obsedados, uns em menor, outros em maior grau. Em o *Evangelho segundo o Espiritismo* (ed. feb. 1865, p. 356), Kardec a conceitua como sendo a ação persistente de um mau espírito sobre uma pessoa. Apresenta características muito diversas, desde a simples influência de ordem moral, sem sinais exteriores perceptíveis, até a completa perturbação do organismo e das faculdades mentais. Oblitera todas as faculdades mediúnicas. O ilustre professor a coloca na linha de frente de todos os sofrimentos por que padece a humanidade. É, sem dúvida alguma, a maior preocupação da Doutrina Espírita ao tratar do assunto com imensa responsabilidade. Desde um simples tique nervoso, ódio, rancor, mágoa, tristeza, ansiedade, doenças da alma, até a loucura, são apenas estágios desse flagelo da humanidade. A bem da verdade, não há uma só patologia que não esteja sob influência obsessiva. Isso porque nunca deixamos de errar. Há milênios de erros e pecados e débitos em nossa existência, e somente agora começamos a resgatá-los. A bem da verdade, nem bem começamos, eis que nosso Pai nos dá a misericórdia, e não a Justiça Divina, que espera em doses homeopáticas.

Alerta-nos Emmanuel para o grave problema da obsessão, que, como as mais diferentes e temíveis doenças do corpo físico, constitui-se em flagelo da humanidade, e alerta sobre a gravidade do assunto, salientando que cada templo espírita deve possuir a sua equipe de servidores para o socorro das vítimas dessa gravíssima doença de fundo moral, bem como escudo protetor da própria casa espírita.

André Luiz, em *Desobsessão*, psicografia de Chico Xavier (24 ed., feb., p. 222), assim nos ensina: "A desobsessão vige, desse modo, por remédio moral específico, arejando os caminhos mentais em que nos cabe agir, imunizando-nos contra os perigos da alienação e estabelecendo vantagens ocultas em nós, para nós e em torno de nós, numa extensão que, por enquanto, não somos capazes de calcular. Através dela, desaparecem doenças fantasmas, empeços obscuros, insucessos, além de obtermos com seu apoio espiritual mais amplos horizontes ao entendimento da vida e recursos morais inapreciáveis para agir, diante do próximo, com desapego e compreensão".

Conforme vimos da lição extraída pelo nosso querido André Luiz, a desobsessão é nosso ponto de apoio, a alavanca é a Doutrina Espírita. Assim, com a alavanca e o ponto de apoio, moveremos o mundo, ou seja, nosso próprio mundo, eivado de mazelas morais, de imperfeições e, portanto, em sintonia com nossos credores, que nada mais são do que nossos obsessores.

Portanto, a desobsessão representa tesouro de incalculável valor e que merece todo respeito e valorização no quadro de nosso aprendizado.

A maioria esmagadora das casas espíritas confunde doutrinação de espíritos com desobsessão, e ainda é capaz de dizer que realiza desobsessão, o que na verdade é apenas doutrinação pública de entidades espirituais. Tal processo constitui falta de caridade, desrespeito para com nossos irmãos no plano extrafísico, prática que ignora os postulados da Doutrina Espírita, colocando-a ao nível de seitas que praticam toda sorte de desrespeito com nossos irmãos do plano espiritual.

Temos registrado, em nossas visitas, os trabalhos desenvolvidos por casas que dizem estar realizando desobsessão. Colocam uma fila de médiuns em pé, todos mediunizados, formando uma corrente mediúnica; em sua frente os obsedados, doentes em tratamento. Numa situação até mesmo vexatória, expondo ao ridículo aqueles que vêm buscar tratamento e, o que é pior, doutrinando como se fossem loucas as entidades espirituais. Esquecendo-se de que são nossos irmãos, às vezes entes queridos, buscando socorro. Imaginem nossos pais, avós, tios, irmãos, filhos naquela triste situação de serem corrigidos publicamente, em atitudes bruscas de afastamento e de linguajar indelicado, chegando a contorções físicas, funganças e até mesmo babando, num espetáculo deprimente. Isso não pode acontecer em nosso meio. O espírita deve estudar continuamente. Temos as obras básicas, a ciência, a filosofia, mas não se pode admitir práticas deprimentes e intoleráveis em nome da Doutrina. Essa situação é mais um processo obsessivo do que tratamento, resultando, portanto, em débitos, onde a casa toda se endivida por ignorância, por omissão em não estudar as obras básicas. Tudo tem limite; seria o mesmo que desculpar um criminoso por este desconhecer os brocados da lei. Aqui o erro é coletivo, todos erram em nome da Santa Doutrina Espírita, que veio para curar, libertar, salvar, orientar. Basta! Parem! Estudem as obras básicas de Kardec, e depois estudem *Desobsessão* de André Luiz, Chico Xavier, aí sim o caminho estará livre para a prática do bem e, portanto, da caridade.

Seguiremos, em síntese, a obra já citada, buscando os recursos para levar a todos, com simplicidade, como deve ser feita a desobsessão espírita.

I. Componentes da desobsessão

A casa espírita, via de seu dirigente, deve escolher os elementos que têm maior conhecimento da Doutrina, conduta moral ilibada, excelente folha de serviços, estudiosos, que já iniciaram suas reformas íntimas. Em nossa casa, o mais recente médium tem 13 anos de atividade; os demais, acima desse período, e seu conjunto é harmonioso e com generosa afinidade. Isso visando obter homogeneização de vibração, criando campo magnético de elevada expressão cristã, favorecendo a vinda de Irmãos do Plano Maior. A escolha é dirigida dentro dos postulados evangélicos, nada de favorecimento, de amizade ou de apadrinhamento, pois estamos formando a escola da paz, da harmonia, da facilidade e da proteção do trabalho na casa espírita.

I.a – O número de componentes não pode ultrapassar 14 confrades. Deve-se iniciar com seis ou sete e ir aumentando ao mesmo tempo em que se consolida e amadurece o trabalho. Sendo, nesse caso, dois médiuns psicofônicos, quatro doutrinadores e o dirigente, sendo que os doutrinadores são também passistas. Assim, num grupo completo temos quatro médiuns esclarecedores (doutrinadores), quatro médiuns passistas, cinco médiuns psicofônicos e o dirigente.

I.b – LOCAL DE TRABALHO: deve ser uma sala simples, com mesa de 4 metros, bem simples, e 14 cadeiras. Nessa sala apenas um elemento do grupo escolhido ou alternado pode fazer a limpeza e higienização. Ninguém mais ali pode entrar, por se tratar de ambiente magnético, onde o pensamento deve estar em sintonia com o trabalho. O local de trabalho é a enfermaria da casa espírita.

II. Dia e horário escolhidos

II.a – O grupo deve escolher um dia da semana que esteja conforme as possibilidades de todos. Como o trabalho não pode ultrapassar duas horas, o ideal é que ele inicie às 19h. Sendo que às 18h30 todos já estejam presentes. Nessa ocasião apenas cumprimentamos com abraços. Cada um tem a sua frente uma obra básica de Kardec, ou do Irmão X, Emmanuel, André Luiz, Neio Lúcio para a leitura preparatória, feita no mais profundo silêncio, objetivando a homogeneização vibratória. Caso algum companheiro queira tratar de algum assunto que esteja dentro da obra espírita, tenha alguma dúvida, todos, em poucos minutos, tecem comentários até o esclarecimento. A seguir, continuam lendo, mentalizando, orando e criando a atmosfera psíquica à altura do trabalho de elevadíssima responsabilidade.

III. Das atividades da desobsessão

III.a – O dirigente declara abertos os trabalhos, recolhendo todos os livros, e nada mais pode permanecer sobre a mesa. Indica a um companheiro que faça a leitura do *Evangelho*, sorteada segundo a vontade do leitor, depois cada um comentará o texto com breves palavras. Após, o estudo sistemático do *Livro dos Espíritos*, colocando-se no máximo duas perguntas para discussão, onde todos manifestarão seu entendimento. A seguir são recolhidos o *Evangelho* e o *Livro dos*

Espíritos, apagam-se as luzes, conservando apenas uma luz fraquíssima, de preferência azul. Feita a prece pelo dirigente, a palavra ficará com o médium designado para a manifestação inicial do Mentor.

III.b – Após a manifestação do Mentor, iniciam-se os trabalhos de desobsessão propriamente ditos. O dirigente indicará o médium doutrinador para atender à entidade que se manifestará no médium psicofônico. A doutrinação deve ser de profunda paciência, pois se recebem doentes ou irmãos desorientados que necessitam de tratamento, orientação, e, até mais que isso, buscando fazer com que eles possam receber a luz necessária para entender a sua real situação, deixando mais que a entidade fale. O doutrinador apenas orientará e usará de psicologia adequada para o encaminhamento do doente. O médium doutrinador nada mais é que esclarecedor, orientando a enfermagem e a assistência ao desencarnado, mas tudo feito com o mais profundo amor e muito respeito. O esclarecedor deve usar a mediunidade de intuição para captar os pensamentos, as reações do doente e sendo canal dos benfeitores para o devido socorro. Não se deve tocar o corpo do médium em transe, e tudo com o máximo respeito. Nem doçura e nem agressividade, devendo-se aliar raciocínio e sentimento, compaixão dentro da lógica, para alcançar a real situação da entidade em tratamento. Aqui devemos entender que o desencarnado em condição de desequilíbrio e sofrimento busca o médium psicofônico, mais conhecido por médium de incorporação, com todos os seus sofrimentos, angústias, ignorâncias, revoltas e demais patologias espirituais, esperando dele bondade, segurança, humildade, vigilância; portanto, trata-se do doente para o qual é formada a equipe de desobsessão. Assim o médium psicofônico deve dar amparo e conjugação de esforços no campo do amor para socorrer o doente e ainda auxiliar o médium esclarecedor. Lembremo-nos de que se trata de um doente e que não podemos concordar com suas exigências, seus desequilíbrios e tudo o mais. Aqui vem a bondade e a humildade conjugada entre os dois médiuns esclarecedor e psicofônico, ambos com atitudes de profundo amor, para que o doente sinta-se confortado e confiante no tratamento. À medida que a entidade inicia o jogo de conversas, o esclarecedor observará o sexo e se a entidade sente que está no Plano Espiritual, ou seja, desencarnada. Não se pode travar discussão ou qualquer tipo de embate, mas sem censura, escândalo, analisar os casos de animismo, mistificação.

III.c – Lembremo-nos de que tudo deve ocorrer com espontaneidade, sendo assim o médium esclarecedor não deve influenciar o doente, forçando-o a dizer o que lhe convém, não deve dizer se ele é homem ou mulher, nem se entende que está morto, isto em hipótese alguma. Tudo deve ser natural, o comando vem do Alto, dos Benfeitores Espirituais, pois cada doente em tratamento tem sintonia fluídica com o médium psicofônico que o recebe, estabelecendo a corrente magnética necessária ao tratamento. Não há qualquer tipo de indução e nem de direcionamento. Há médiuns que dizem: "vou à desobsessão e lá eu faço tratamento deste ou daquele doente." Isto é impossível, pois toda a equipe de trabalho está sob comando de Leis Sublimes, dirigidas pelos Bons Espíritos. Estes, sim, comandam a sessão, enviam os doentes para o tratamento, supervisionam tudo, para que cada um receba segundo seus méritos, sua fé e até mesmo oportunidades. Na Doutrina Espírita não cabe a palavra "acaso". O médium esclarecedor deve ser paciente, sério, responsável para conduzir o tratamento. Ouvindo mais que falando e conduzindo segundo as necessidades do doente. Este aos poucos dirá de sua condição, de seu sexo, de seu sofrimento. É um trabalho belíssimo de total importância no equilíbrio da Seara. A desobsessão é luz de Jesus a clarear o trabalho, a estabelecer a paz, a multiplicar pães, peixes, amor entre os encarnados na condução do trabalho. Razão de ser o trabalho de capital importância na casa espírita, portanto de total responsabilidade. Casa espírita séria desobsessão seríssima.

III.d – Cada médium psicofônico cederá seu aparelho para receber no máximo duas entidades, alternadamente, de forma que, após o atendimento de outra entidade em outro médium psicofônico, pode-se atender à entidade anterior. Devendo-se evitar a repetição do mesmo médium esclarecedor, resguardando-se do cansaço e do prejuízo do bom trabalho. O esclarecimento é toda base do trabalho; os médiuns designados para tal tarefa devem estar munidos de paciência, amor, com conversação vazada em termos claros, lógicos, sem qualquer desapreço ou lição de moral ao doente, mesmo que este traga azedume, ódio, rancores. André Luiz recomenda-nos 10 minutos de diálogo com o sofredor, não mais que isso, tempo suficiente para a doutrinação esclarecedora. Caso a entidade esteja muito perturbada, revoltada, o dirigente auxiliará o médium psicofônico, solicitando a cooperação dos Dirigentes Espirituais para que a organização do Alto possa socorrê-lo. A hipnose é um tratamento salutar, aplicada por Eles, acalmando e transportando a entidade para enfermarias do Plano Espiritual. Voltando a calmaria, o trabalho prosseguirá.

III.e – Quando ocorre o tratamento, temos três pessoas em processo de trabalho, sendo o médium psicofônico, o médium esclarecedor e a própria entidade doentia. Os demais componentes do grupo darão a sustentação, o amparo necessário para o bom resultado. Sintonia em amor, orações balsamizando o ambiente, promovendo a homogeneização vibratória necessária ao bom combate do amor. Simpatia e solidariedade, colocando-se na posição de socorristas de plantão. Aí deve ocorrer o processo somatório das vibrações de amor, condicionando o ambiente a ternura, paz e muito amor, para o bom desempenho do trabalho que se realiza. Aqui está a essência do trabalho, o resultado é proporcional ao apoio fraterno da equipe. Inclusive o dirigente deve envidar esforços para o mais puro e sublime equilíbrio de amor e de paz no recinto. Buscando alertar a todos, num verdadeiro despertar solidário, aqui a corrente mental deve ter a capacitação do amor sublime e total.

IV. Recapitulação

IV.a – Escolha da equipe. Médiuns passistas, psicofônicos, sustentação, esclarecedores, número máximo 14 médiuns, escolhidos entre os que possuem maiores qualidades morais, assiduidade, amor à Doutrina, ética, responsabilidade, excelente folha de serviço.

IV.b – Local de reunião. Reserva-se uma sala isolada, ninguém a ela tem acesso, somente os trabalhadores, e um deles se encarrega da limpeza, de modo alternado. Duas espécies de luzes, uma clara para a leitura preparatória, e ao iniciar dos trabalhos apenas uma luz fraquíssima (15 watts), de preferência azul.

IV.c – Dia da semana. Escolhido por unanimidade, no período noturno. Os médiuns devem chegar meia hora antes da reunião, tempo necessário para, em silêncio, fazer a preparação do ambiente, via leitura de obras de Kardec, Chico Xavier. Em silêncio total, vibrações de total amor.

IV.d – O médium durante o dia deve se alimentar de frutas, verduras, legumes, sopas, canjas, evitando carne, frituras. Deitar-se em casa, antes de sua ida ao Centro, preparando-se via leitura do *Evangelho*.

IV.e – Componentes em número máximo de 14. Sendo três médiuns psicofônicos, seis esclarecedores, um dirigente e quatro passistas.

IV.e.1 – A presença é obrigatória, pois o compromisso é de capital importância para todos. Assim, em caso de impossibilidade de comparecer, deve-se informá-lo ao grupo. Duas faltas sem motivos eliminam o médium do quadro.

IV.f – Cadeiras de reserva, colocadas atrás da mesa, próximo à parede, para acolher visitas, que devem ser orientadas ao silêncio total. Evitando-se convites aleatórios. O visitante não deve ser convidado para futuros trabalhos, evitando-se a presença constante de pessoas que não fazem parte da equipe.

IV.g – Sobre a mesa nada ficará após o início da reunião, nem mesmo joias, relógios nos pulsos dos companheiros; tudo será recolhido. Aparelhos elétricos para gravação podem ser usados desde que fiquem ao lado, numa cadeira, e servem apenas para gravação de vozes de amigos e mentores espirituais para orientação da casa.

IV.h – Chegada de algum doente ou obsidiado necessitando de tratamento. Caso ocorra, deve-se observar o discernimento de atendimento com passes, recomendações para que procurem a casa em outra oportunidade. Findo o socorro, retira-se o doente do recinto. Caso haja grave processo obsessivo, deve-se recolher o doente e deixá-lo na cadeira de visita, com seu acompanhante.

IV.i – O trabalho do médium esclarecedor é o de um verdadeiro pai, com paciência, calma, muito amor. Ouvindo a entidade manifestar-se no aparelho do médium psicofônico, deixando que ela diga de seu sexo (homem ou mulher), se entende estar desencarnada ou não. Aí, sim, começa o trabalho de doutrinação, usando-se da psicologia para saber da necessidade, observando com atenção a informação dos benfeitores espirituais que comandam as reuniões, via intuição. Não tocar o corpo do médium psicofônico, a não ser em caso de proteção e amparo. Nunca discuta ou agrave a situação do doente. Trate-o com respeito, sem a doçura que ele entenderá ser hipocrisia.

IV.i.1 – O médium psicofônico dará sua contribuição com pensamentos e vibrações elevadas, num processo somatório. Nunca deixe sem resposta e sem solução o sofrimento do doente, inclusive pedindo-lhe o retorno, recomendando a participação nas reuniões públicas de estudo do *Evangelho*.

V

O trabalho inicia-se pela leitura de um texto do *Evangelho segundo o Espiritismo*, com o comentário rápido de cada componente. A seguir, a leitura de uma pergunta do *Livro dos Espíritos* em sequência ordinária, observando-se o pensamento de cada componente do grupo. A prece feita pelo dirigente é o sinal de início da desobsessão, seguindo-se a fala do mentor ou de espírito amigo. Logo, a doutrinação das entidades doentias, sempre uma após a outra, não usando o mesmo médium psicofônico duas vezes, e sim observando-se a alternância, de forma de cada médium receba apenas duas entidades – sendo três psicofônicos, tem-se necessidade de seis esclarecedores. Após o tratamento, o dirigente designa um componente para a prece, bem como vibrações de amor aos que não foram atendidos, bem como aos que constam no caderno de preces. Depois, aplica-se o passe recíproco entre os médiuns passistas; estes, após receberem o passe, aplicá-lo-ão aos demais componentes da equipe. É facultada a palavra aos médiuns psicofônicos para a fala do mentor no encerramento. Tanto no início quanto no encerramento, pode-se consultar o mentor espiritual, mas somente após a conclusão da fala do mentor, que não deve ser interrompido. Vale lembrar aqui que os Amigos Espirituais indicam os doentes aos médiuns psicofônicos, segundo a afinidade magnética de ambos, para facilidade do trabalho, levando-se em conta a formação ética, cultural.

V.a – Temos dois tipos de entidades sofredoras, as que comparecem pela primeira vez e as reincidentes sistemáticas, estas companheiras nossas de passado escabroso. Doentes gravíssimos são trazidos à desobsessão, assassinos, doentes dos vícios, loucos de todo gênero, revoltados, vampirizadores, inquisidores, mentirosos, falsos, invejosos, caluniadores, com todo interesse em ocultar a verdade. Razão de nossa psicologia, do grande preparo, do muito amor, da disposição total, da renúncia e da aceitação total da intuição para o socorro via Amigos Espirituais. Cada um receberá o tratamento adequado. Aqui vige paciência, raciocínio, socorro, fontes profundas de elevados sentimentos cristãos.

Culto do Evangelho no Lar

"Porque, onde estiverem dois ou três reunidos em meu nome, Pai, aí estou no meio deles." (Mateus, 18:20).

Busquemos em *n* (20. ed., FEB, p. 16-17):

Calou-se Jesus, por alguns instantes, e aduziu: "– Assim, também, é o lar diante do mundo. O berço doméstico é a primeira escola e o primeiro templo da alma. A casa do homem é a legitima exportadora de caracteres para a vida comum. Se o negociante seleciona a mercadoria, se o marceneiro não consegue fazer um barco sem afeiçoar a madeira aos seus propósitos, como esperar uma comunidade segura e tranquila sem que o lar se aperfeiçoe? A paz do mundo começa sob as telhas a que nos acolhemos. Se não aprendemos a viver em paz, entre quatro paredes, como aguardar a harmonia das nações? Se nos não habituarmos a amar o irmão mais próximo, associado à nossa luta de cada dia, como respeitar o Eterno Pai que nos parece distante?".

Jesus continuou:

"– Pedro, acendamos aqui, em torno de quantos nos procuram a assistência fraterna, uma claridade nova. A mesa de tua casa é o lar de teu pão. Nela, recebes do Senhor o alimento para cada dia. Por que não instalar, ao redor dela, a sementeira da felicidade e da paz na conversação e no pensamento? O Pai, que nos dá o trigo para o celeiro, através do solo, envia-nos a luz através do Céu. Se a claridade é a expansão dos raios que a constituem, a fartura começa no grão". Em razão disso, o Evangelho não foi iniciado sobre a multidão, mas, sim, no singelo domicilio dos pastores e dos animais.

Da obra de Chico Xavier *Fontes de Luz e Bênçãos* (Urbano T. Vieira e Dirceu Abdala,. 2003, p. 31), extraímos a seguinte lição: "O culto do evangelho em casa, pelo menos uma vez por semana, ser-vos-á uma fonte de alegrias e bênçãos." – diz-nos o espírito Batuíra, o qual prossegue: "Renovemos o contato com os ensinamentos de Jesus, tanto quanto nos seja possível, e não somente o lar que nos acolhe se transformará em celeiro de compreensão e solidariedade, mas também a própria vida se nos fará luminoso caminho de ascensão à felicidade real".

"Necessário que os pais conversem mais cordialmente com os seus filhos no clima da harmonia doméstica, dentro da própria casa e nunca adiar essas conversações para tempos de desastre sentimental.", assevera nosso Chico Xavier.

Inúmeras elucidações e apontamentos a respeito encontramos na obra Xaveriana. Dos espíritos: Emmanuel, em *Instrumento do Tempo* e outros livros; André Luiz, mormente em *Os Mensageiros*, *Entre a Terra e o Céu*, e *Desobsessão*; Neio Lúcio, em *Jesus no Lar*; Meimei, em *Evangelho em Casa* etc.

Na obra de André Luiz, aprendemos que "... o lar se preserva com o culto da intromissão de elementos inferiores, que tornam impuras as substâncias alimentícias etc. O que nos deixa deduzir que o lar onde não há culto e preces se converte em casa aberta à nefasta ação de tais indivíduos".

Roteiro do Evangelho no Lar

Principais finalidades do Evangelho no lar:

1. Estudar o *Evangelho* à luz da Doutrina Espírita, o que possibilita compreendê-lo em "ESPÍRITO E VERDADE", facilitando, assim, pautar nossas vidas segundo a vontade do Mestre;

2. Criar em todos os lares o hábito salutar de reuniões evangélicas, para que despertem e acentuem o sentimento de fraternidade, que deve existir em cada criatura;

3. Pelo momento de paz e de compreensão que o Evangelho no lar oferece, unir mais as criaturas, proporcionando-lhes uma vivência mais tranquila;

4. Tornar o Evangelho mais bem compreendido, sentido e exemplificado, no lar e em todos os ambientes;

5. Higienizar o lar pelos nossos pensamentos e sentimentos elevados, permitindo, assim, mais fácil influência dos Mensageiros do Bem;

6. Ampliar o conhecimento liberal e espiritual do Evangelho, para oferecê-lo com maior segurança a outras criaturas;

7. Facilitar no lar e fora dele o amparo necessário para enfrentar as dificuldades materiais e espirituais, mantendo operantes os princípios da oração e da vigilância;

8. Elevar o padrão vibratório dos componentes do lar, a fim de que ajudem, com mais eficiência, o Plano Espiritual na obtenção de um mundo melhor.

Escolher um dia e uma obra por semana e convidar todos da família. Se não puderem ou não quiserem participar, fazê-lo sozinho, só, fisicamente, na certeza de que Jesus se fará presente por meio de seus Mensageiros.

1. Início da reunião: prece simples e espontânea;

2. Leitura de *O Evangelho segundo o Espiritismo*: começar desde o Prefácio, lendo um item ou dois, sempre em sequência. Se houver crianças ou adolescentes, estes devem ser estimulados participar, plantando-se a semente desde cedo em solos férteis;

3. Comentários sobre o texto lido: devem ser breves, com participação de todos os presentes;

4. Vibrações:

   - A. Vibrar: pela fraternidade, pela paz e pelo equilíbrio a toda a humanidade;

   - B. Vibrar: pela saúde dos enfermos, pela unificação das religiões, por nossos familiares e amigos;

- C. Vibrar: pelo reerguimento dos decaídos, pela reabilitação dos presidiários, por todos os trabalhadores do bem;

- D. Vibrar: pela harmonia nos lares desajustados, pela iluminação dos espíritos sofredores, pelo desenvolvimento espiritual da juventude;

- E. Vibrar: pela confraternização com nossos desafetos, pela proteção a velhos e crianças abandonados, por nós mesmos;

- F. Segundos de Silêncio: em pensamento e coração, vamos conversar com Jesus, a fim de receber a orientação necessária e amorosa que é a iluminação em nós (depois em voz normal);

5. 5. Prece de Encerramento.

Sugestões

1. Recomenda-se, depois do estudo de O Evangelho segundo o Espiritismo, a leitura de livros com comentários evangélicos, de autores idôneos;

2. Fazer vibrações especiais, para casos concretos que preocupem os presentes e a sociedade;

3. Embora a assistência do Plano Espiritual seja indispensável para o andamento normal do Evangelho no lar, acautelar-se para não transformar a reunião em trabalho mediúnico; mediunidade e a assistência espiritual devem ser atendidas em Sociedade Espírita Kardecista;

4. Evitar comentários em desdouro a religiões ou a pessoas e não manter conversação menos edificante;

5. Não suspender a prática do Evangelho no lar em virtude de visitas, passeios adiáveis ou acontecimentos fúteis, assim como não suspendemos as refeições básicas;

6. A duração da reunião deverá ser de 15 minutos, aproximadamente;

7. Quanto às crianças, os pais devem permitir e incentivar os filhos a participarem da reunião para que estes possam iniciar com segurança a nova experiência física. Colaborando nas preces, comentários e fazendo perguntas. Devem ser acrescentados

livros de história infantil, despertando nas crianças o interesse e o gosto pelo ensino de Jesus.

"DEIXAI VIR A MIM AS CRIANCINHAS E NÃO AS IMPEÇAIS...".

Os Benefícios do Tratamento com a Água Fluida

(Segue-me)

"E qualquer que tiver dado só que seja um copo de água fria por ser meu discípulo, em verdade vos digo que, de modo algum, perderá o seu galardão." – dito por Jesus (Mateus, 10:42).

"Meu amigo, quando Jesus referiu-se à bênção do copo de água fria, em seu nome, não apenas se reportava à compaixão rotineira que sacia a sede comum. Detinha-se o Mestre no exame de valores espirituais mais profundos.

A água é, dos corpos, o mais simples e receptivo da Terra. É como que a base pura em que a medicação do Céu pode ser impressa por meio de recursos substanciais de assistência ao corpo e à alma, embora em processo invisível aos olhos mortais.

A prece intercessória e o pensamento de bondade representam irradiações de nossas melhores energias.

A criatura que ora ou medita exterioriza poderes, emanações e fluídos que, por enquanto, escapam à análise da inteligência vulgar, e a linfa potável recebe a influência, de modo claro, condensando linhas de força magnética e princípios elétricos que aliviam e sustentam, ajudam e curam.

A fonte que procede do coração da Terra e a rogativa que flui no imo d'alma, quando se unem na difusão do bem, operam milagres.

O espírito que se eleva na direção do céu é antena viva, captando potências da natureza superior, podendo distribui-las em benefício de todos os que lhe seguem a marcha.

Ninguém existe órfão de semelhante amparo. Para auxiliar a outrem e a si mesmo, bastam a boa vontade e a confiança positiva.

Reconheçamos, pois, que o Mestre, quando se referiu à água simples, doada em nome da sua memória, reportava-se ao valor real da Providência, em benefício da carne e do espírito, sempre que estacionem por meio de zonas de enfermiças.

Se desejares, portanto, o concurso dos Amigos Espirituais, na solução de tuas necessidades fisiológicas ou dos problemas de saúde e equilíbrio dos companheiros, coloca o teu recipiente de água cristalina à frente de tuas orações, espera e confia. O orvalho do Plano Divino magnetizará o líquido com raios de amor, em forma de bênção, e estarás, então, consagrando o sublime ensinamento do copo de água pura, abençoando nos céus".

Os Benefícios do Passe

De uma feita, no santuário de luz da casa de Chico Xavier, perguntei-lhe quais seriam os benefícios do passe. Respondeu-me: – Meu filho, quem está doente, tome o passe para melhorar, e quem está saudável tome o passe para não adoecer.

O Passe

(Segue-me)

"Ele tomou sobre si as nossas enfermidades e levou as nossas doenças." (Mateus, 8:17b).

. Meu amigo, o passe é transfusão de energias "físiopsíquica", operação de boa vontade, dentro da qual o companheiro do bem recebe de si mesmo em teu benefício.

Se a moléstia, a tristeza e a amargura são remanescentes de nossas imperfeições, enganos e excessos, importa considerar que, no serviço do passe, as tuas melhoras resultam da troca de elementos vivos e atuantes.

Traze detritos e aflições, e alguém te confere recursos novos e bálsamos reconfortantes.

No clima da prova e da angústia, és portador da necessidade e do sofrimento.

Na esfera da prece e do amor, um amigo converte-se no instrumento da infinita bondade para que recebas remédio e assistência.

Ajuda o trabalho de socorro aqui mesmo, com esforço da limpeza interna.

Esquece os males que te apoquentam, desculpa as ofensas de criaturas que te não compreendem, foge ao desânimo destrutivo e enche-te de simpatia e entendimento para com todos os que te cercam.

O mal é sempre a ignorância, e a ignorância reclama perdão e auxílio, para que se desfaça em favor da nossa própria tranquilidade.

Se pretendes, pois, guardar as vantagens do passe, que, em substância, é ato sublime de fraternidade cristã, purifique o sentimento e o raciocínio, o coração e o cérebro.

Ninguém deita alimento indispensável em vaso impuro.

Não abuses, sobretudo, daqueles que te auxiliam. Não tomes o lugar verdadeiro necessitado, tão só porque teus caprichos e melindres pessoais estejam feridos.

O passe exprime também gastos de forças, e não deves provocar o dispêndio de energia do Alto com infantilidades e ninharias.

Se necessitas de semelhante intervenção, recolhe-te à boa vontade, centraliza a tua expectativa nas fontes celestes do suprimento divino, humilha-te, conservando a receptividade edificante, inflama o teu coração na confiança positiva e, recordando que alguém vai arcar com o peso das tuas aflições, retifica o teu caminho, considerando igualmente o sacrifício incessante de Jesus por todos nós, porque, de conformidade com as letras sagradas: "Ele tomou sobre Si as nossas enfermidades e levou as nossas doenças".

Eternas Lições de Chico Xavier

(Fontes de Luz e de Bênçãos)

Chico Xavier, os espíritos amigos apresentam algum ponto de vista sobre o divórcio no Brasil?

Chico Xavier: Allan Kardec, no capítulo 22 de *O Evangelho segundo o Espiritismo*, assevera que o divórcio é uma lei humana que veio consagrar determinada situação já existente entre os cônjuges.

Do ponto de vista humano, naturalmente que seria crueldade fugirmos da possibilidade do divórcio em determinadas situações da vida e em determinados setores de nossos problemas, quando estamos certos de que as organizações bancárias do mundo nos concedem reformas e determinados prazos para resgate de certas dívidas.

Mas devemos estar igualmente conscientes de nossa situação no Brasil e podemos perfeitamente reconhecer que ainda estamos imaturos para receber o divórcio da magnanimidade da nossa justiça, porque somos um pouco jovens. Precisamos habilitar a consciência coletiva para uma conquista de tamanha expressão na vida da criatura e na vida planetária.

Haverá maior frio na alma que a indiferença dos nossos semelhantes?

Chico Xavier: Pode haver indiferença dos nossos semelhantes para conosco; entretanto, de nós para com os outros, isso não deveria acontecer.

Cremos que, se Jesus houvesse levado em conta nossa incapacidade para assimilar-lhe de pronto o desvelado e intenso amor, o cristianismo não estaria brilhando e brilhando cada vez mais na Terra.

Que lhe ocorre dizer às pessoas que, embora se esforcem, não conseguem se espiritualizar, porque se sentem cativas de remanescentes paixões ou fortes algemas emocionais?

Chico Xavier: Ainda que nos sintamos encarcerados em ideias negativas que, às vezes, colocam-nos em sintonia com inteligências encarnadas ou desencarnadas, ainda presas a certos complexos de culpa, conseguiremos a própria liberação desses estados, claramente infelizes, se nos dispusermos com sinceridade a varar a concha do nosso próprio egoísmo, esquecendo, quanto ao aspecto inarmônico de nossa vida mental, para servir aos outros, especialmente àqueles que atravessam provações e problemas muito maiores que os nossos.

Conta-se que, certa feita, perguntaram ao Chico como ficaria o espiritismo no Brasil quando cessassem suas atividades mediúnicas, ao que ele respondeu:

Chico Xavier: Meu filho, médium é como grama, quanto mais se arranca, mais ela brota.

Dentro da Doutrina Espírita, como se explicam as mortes, assim aos milhares, em guerras, enchentes, em toda espécie de catástrofe?

Chico Xavier: São estas provações, que coletivamente adquirimos do ponto de vista de débitos cármicos. Às vezes empreendemos determinados movimentos destrutivos sem desfavor da comunidade ou do indivíduo. Às vezes operamos em grupo, às vezes em vastíssimos grupos, e, no tempo devido, os princípios cármicos amadurecem e nós resgatamos nossas dívidas, reunindo-nos uns com os outros, quando estamos acumpliciados nas mesmas culpas, porque a lei de Deus é a lei de Deus, formada de justiça e de misericórdia.

Estimaríamos colher sua opinião a respeito dos últimos conflitos que colocaram em perigo a Paz Mundial...

Chico Xavier: Atentos aos nossos deveres de ordem doutrinária, já que o espiritismo é a religião de Jesus, endereçada ao burilamento e confraternização dos homens, não seria cabível que viéssemos a analisar os conflitos atuais do mundo, sob o ponto de vista político. Essa tarefa, na opinião de Emmanuel, o dedicado orientador espiritual, que nos dirige as atividades, compete aos mentores encarnados da vida internacional.

Todos nós, os religiosos de todos os climas, nos reconhecemos atualmente defrontados por crises de insatisfação em quase todos os domínios da humanidade, e, por isso mesmo, segundo as instruções que recebemos dos benfeitores espirituais, a nossa melhor atitude é a da prece, em favor dos líderes das nações, rogando a Deus que os ilumine e os guie, a fim de que todos eles se unam, no respeito às leis que o progresso já nos confiou, evitando nova grande guerra, cujos efeitos calamitosos não conseguimos prever, nem calcular.

A Doutrina Espírita é acusada de, ao se preocupar somente com a vida no além, ajudar a manter o sistema político vigente, por não se preocupar com o progresso material e político do homem na Terra. O que acha?

Chico Xavier: É muito interessante isso, mas não desejamos abusar, desprestigiar, desprimorar mesmo a figura de Jesus Cristo. É importante considerar que Jesus cogitou muito da melhora da criatura em si. Auxiliou cada companheiro no caminho a ter mais fé, a amar seus semelhantes, ensinou os companheiros a se entreajudarem, de modo que nós vimos Jesus sempre preocupado com o homem e a alma.

Não nos consta que ele tivesse aberto qualquer processo de subversão com o Império Romano, nem mesmo contra a Palestina ocupada. Então, o espírita não é propriamente uma pessoa conformada do ponto de vista negativo. Conformismo em Doutrina Espírita tem o sinônimo de paciência operosa. Paciência que trabalha sempre para melhorar as situações e cooperar com aqueles que recebem a responsabilidade da administração de nossos interesses públicos.

Em nada nos adiantaria dilapidar o trabalho de um homem público, quando nosso dever é prestigiá-lo e respeitá-lo tanto quanto possível e também colaborar com ele para que a missão dele seja cumprida, porque é sempre mais fácil subverter as situações e estabelecer críticas violentas ou não em torno de pessoas.

Nós precisamos é da construtividade.

Não que estejamos batendo palmas para esse ou aquele, mas porque devemos reverenciar o princípio da autoridade, porque sem disciplina não sei se pode haver trabalho, progresso, felicidade, paz ou alegria para alguém. Veja a natureza: se o Sol começasse a pedir privilégios e se a Terra exigisse determinadas vantagens, o que seria de nós com a luz e o pão de cada dia?

De vez em quando aparece alguém que, em virtude de algum problema social mais grave – a violência, por exemplo –, pede a pena de morte. O senhor concorda?

Chico Xavier: A pena deveria ser de educação. A pessoa deveria ser condenada, mas a ler livros, a se educar, a se internar em colégios ainda que sejam, vamos dizer, por ordem policial.

Mas que as nossas casas punitivas, hoje chamadas de casas de reeducação, sejam escolas de trabalho e instrução.

Isto porque toda criatura está sentenciada à morte pelas leis de Deus, porque a morte tem seu curso natural.

Por isso, acho que a pena de morte é desumana, porque ao invés de estabelecê-la devíamos, coletivamente, criar organismos que incentivassem a cultura, a responsabilidade de viver, o amor ao trabalho. O problema da periculosidade da criatura, quando ela é exagerada, deve ser corrigido com educação, e isso há de se dar no futuro, porque não podemos corrigir um crime com outro, um crime individual com um crime coletivo.

Chico, estamos diante de uma onda crescente de violência em todo o mundo. A que os espíritos atribuem essa ocorrência? Gostaria que você se detivesse também no problema dessa corrida da população às armas, para a defesa pessoal. Como você vê tudo isso?

Chico Xavier: Temos debatido esse problema com diversos amigos, inclusive com nossos benfeitores espirituais, e eles são unânimes em afirmar que a solidão gera o egocentrismo, e esse egocentrismo exagerado reclama um espírito de autodefesa muito avançado em que as criaturas, às vezes, se perdem em verdadeiras alucinações.

Então a violência é uma consequência do desamor que temos vivido em nossos tempos, conforto, talvez excessivo, que a era tecnológica nos proporciona. A criatura vai se apaixonando por facilidades materiais e se esquece de que nós precisamos de amor, paciência, compreensão e carinho. A ausência desses valores espirituais vai criando essa agressividade exagerada no relacionamento entre pessoas ou entre muitas delas no nosso tempo. De modo que precisaríamos mesmo de uma campanha de evangelização, de retorno ao cristianismo em sua feição mais simples, para que venhamos a compreender que não podemos pedir assistência espiritual a um trator de esteira, não podemos pedir socorro a determinados engenhos que hoje nos servem como recursos de pesquisas em pleno firmamento. Nós precisamos desses valores de uns para com os outros.

Quando nos voltarmos para o sentimento e para o coração, acreditamos que tanto a violência como a corrida às armas para defesa pessoal decrescerão ao ponto mínimo, e vamos extinguindo isso, pouco a pouco, à medida que crescemos em manifestações de amor, reciprocamente.

Suas palavras de solidariedade sempre giram em torno da missão que cada ser humano tem. Qual é a sua missão?

Chico Xavier: Um capim tem uma missão, alimentar o boi. Minha missão é como a do capim ou de qualquer outra plantinha sem nome que exista por aí. Precisamos viver honradamente e fazer tudo o que pudermos para ajudar o próximo a superar suas dificuldades.

É verdade que a homeopatia age no perispírito (corpo espiritual)?

Chico Xavier: O medicamento homeopático atua energeticamente, e não quimicamente, ou seja, sua ação terapêutica vai se dar no plano dinâmico ou energético do corpo humano, que se localiza no perispírito.

A medicação estimula energeticamente o perispírito, que por ressonância vibratória equilibra as disfunções existentes, isto é, o remédio exerce duas funções enquanto atua. Por isso a homeopatia, além de tratar doenças físicas, atua também no tratamento dos desequilíbrios emocionais e mentais, promovendo, então, o reequilíbrio físico-espiritual.

A explicação dada por Francisco Cândido Xavier, na verdade, confirma mensagem trazida pelo próprio Samuel Hahnemann (1755-1843), criador da homeopatia, por meio da médium Costel, que nenhum estudo possuía sobre a nova ciência. O texto foi psicografado na Sociedade Espírita de Paris, em 13 de março de 1863, e está inserido na *Revista 66*, de Allan Kardec, de agosto do mesmo ano. Acompanhemos o trecho inicial:

"Minha filha, venho dar um ensinamento Médico aos Espíritas. Aqui a Astronomia e a Filosofia têm eloquentes intérpretes; a moral conta tanto escritores quanto médicos. Por que a medicina, em seu lado prático e fisiológico, seria negligenciada?

Fui o criador da renovação médica, que hoje penetra nas fileiras dos sectários da Medicina antiga; ligados contra a homeopatia, em vão lhe criaram diques sem número, em vão lhe gritaram: 'Não irás mais longe!'...

A jovem Medicina, triunfante, transpôs todos os obstáculos. O Espiritismo lhe será poderoso auxiliar; graças a ele, ela abandonará a tradição materialista, que por tanto tempo lhe retardou o desenvolvimento. O estudo Médico está inteiramente ligado à pesquisa das causas e efeitos espiritualistas; ela disseca os corpos e deve, também, analisar a alma".

Qual o mecanismo ideal para atingir a paz e a segurança entre os familiares vinculados à mesma casa e ao mesmo nome?

Chico Xavier: Cremos que este problema será perfeitamente solucionado quando esquecermos a afeição possessiva, a ideia de que somos pertences uns dos outros, quando nos respeitarmos profundamente, cada qual procurando trabalhar e servir, mostrando sua própria habilitação, o rendimento de serviço dentro da vocação com a qual nasceu, dentro do lar, respeitando-se uns aos outros.

Desse modo, com o respeito recíproco e o amor que liberta, o amor que não escraviza, o problema da paz em família estará perfeitamente assegurado na solução devida.

Chico, como é que você vê a onda de violência que aumenta a cada dia?

Chico Xavier: A violência é qual se fosse a nossa agressividade exagerada trazida ao nosso consciente, quando estamos em carência de amor. Ela leva, por isso, o desamor coletivo da atualidade.

Se doarmos mais um tanto, se repartirmos um tanto mais, se houver um entendimento maior, estaremos contribuindo para a diminuição desta onda crescente de agressividade.

À medida que a riqueza material aumenta, o conforto e a aquisição de bens também crescem, com isso retornaremos à autodefesa exagerada, isolando-nos das criaturas humanas. A vacina é o amor de uns pelos outros, programa que Jesus nos deixou há dois mil anos.

Qual o melhor antídoto contra a falta de confiança em nós mesmos?

Chico Xavier: Os amigos da Vida Maior nos ensinam que na prática da humildade, na prestação de serviços aos nossos irmãos da Humanidade, adquiriremos esse antídoto contra a falta de confiança em nós próprios, de vez que aprenderemos, na humildade, que o bem verdadeiro, de que possamos ser intérprete, em favor de nossos semelhantes, procede de Deus, e não de nós.

É Muito...

Quando estávamos construindo o Centro Espírita, nossa inexperiência fez com que elaborássemos um estatuto muito longo, com muitos artigos, calhamaço e tanto, recheado de coisas desnecessárias. Havia, acima da diretoria, um conselho deliberativo composto de nove elementos em caráter vitalício. Esse povão todo a deliberar, palpitar, discutir. Muitas opiniões, o Centro deu de emperrar. Consultando, o Chico nos disse:

Chico Xavier: Jesus chamou 12 para reformar o mundo. Você quer só nove para Mirassol!

Uma feita, uma senhora, às voltas com complicada família, marido e filhos agressivos que infernizavam sua vida, reclamava com Chico Xavier.

Não suportava mais. Estava prestes a explodir.

– Minha filha – dizia o abnegado médium –, Jesus recomendou que perdoemos não sete vezes, mas setenta vezes sete.

– Olhe, Chico, tenho feito as contas. Perdoei meus familiares bem mais que quatrocentos e noventa vezes. Já fiz o suficiente...

Há uma preocupação mundial por uma nova ordem econômica e social no mundo (inclusive o Papa João Paulo II já chegou a pedi-la ao presidente Jimmy Carter). Em sua opinião, para onde caminha a humanidade? Haverá responsabilidade de, em breve, atingirmos um grau de igualdade e fraternidade entre os homens?

Chico Xavier: Creio que, mesmo que isto nos custe muitos sofrimentos coletivos, chegaremos até a confraternização mundial.

As circunstâncias da vida na Terra nos induzirão a isso e nos conduzirão para essa vitória de solidariedade humana.

Não é para outra coisa que o cristianismo, em suas diversas interpretações, dentro das quais está a nossa faixa de Doutrina Espírita militante, terá nascido, não é? Eu creio que, acima de nossas governanças, todas elas veneráveis, temos o Governo de poderes maiores que nos inspira e que, naturalmente, nos enviará recursos para que essa vitória da fraternidade universal se verifique.

Perguntamos a Chico Xavier, em Uberaba, qual seria a explicação para o problema do nanismo.

Ele afirmou que a pessoa encarna sob essa condição basicamente por duas razões: a primeira delas, a mais frequente, porque praticou o suicídio em outra existência; e a segunda por ter abusado da beleza física, causando a infelicidade de outras pessoas.

O nanismo está particularmente ligado ao suicídio por precipitação de grandes alturas. O anão revoltado, segundo explicou-nos Chico, em geral, é o suicida de outra existência que não se conforma de não ter morrido, porque constatou que a vida é uma fatalidade e, mesmo desejando, não conseguiu extingui-la.

Chico afirmou que o corpo espiritual sofre, com esse tipo de morte, lesões que vão interferir no próximo corpo, prejudicando particularmente a produção de hormônios, daí a formação do corpo anão e as diversas formas de nanismo, mais ou menos graves, segundo o comprometimento do espírito.

Ele disse ainda que conhece mães e pais maravilhosos que têm aceitado a prova com coragem e amparado os filhos anões com muito carinho e dedicação. Reconhece que a explicação espírita, por meio da lei de causa e efeito e das encarnações sucessivas, contribui bastante para a resignação perante a prova. Suas palavras são de estímulo e encorajamento aos pais e aos portadores de nanismo para que não se revoltem e que aceitem esse estágio na Terra como um valioso aprendizado para o espírito imortal.

Mesmo sem quase nunca sair de Uberaba, o senhor vem acompanhando a situação do mundo atual e, particularmente, os muitos problemas brasileiros. Como analisaria tudo isso?

Chico Xavier: O mundo que hoje nos apresenta parece totalmente desorientado. As pessoas perderam o interesse por tudo. Até pela própria existência!

Os jovens não sabem que caminho seguir. Além disso, são perseguidos pelas drogas. Quanto ao Brasil, pode parecer estranho o que vou dizer, mas, à medida que nossa comunidade se enriqueceu materialmente, uma nuvem de incompreensão nos cobriu a todos. Quando o país era paupérrimo, principalmente na região em que nasci, Centro-Sertão de Minas Gerais, éramos obrigados a trabalhar muito dos 10 anos em diante. A escola era algo de sacrifício, de privilégio. Estudávamos quando e se tivéssemos tempo, após colher feijão, socar arroz e milho, carpir a terra, alimentar os animais.

Dávamos um valor especial àquilo que conseguíamos através de nosso suor, de nosso esforço. À medida que fomos nos desenvolvendo, nos industrializando, e as coisas foram ficando mais fáceis, fomos também perdendo a noção do valor delas.

Enriquecemos materialmente e perdemos nossa riqueza espiritual. Mas acredito que isso seja uma coisa transitória, pois sei que ao final teremos todo o amparo da fé cristã, que nos livrará das ameaças. Creio na vitória de Jesus Cristo.

Apesar das críticas...

Chico Xavier: Apesar das críticas que recebi a vida inteira, o que me animou a continuar foi saber que Jesus me aceita como sou... Se eu fosse escutar os espíritas, eu não teria feito nada. Sim, porquanto as críticas mais contundentes que me foram e ainda me são endereçadas sempre partiram dos companheiros – principalmente daqueles com os quais eu nunca pude estar.

Por que motivo os casais que noivavam apaixonadamente experimentam a diminuição do interesse afetivo nas relações recíprocas, após o nascimento dos filhos?

Chico Xavier: Grandes números dos enlaces na Terra obedecem à determinação de resgate escolhida pelos próprios cônjuges, antes do renascimento no berço físico, e aqueles amigos que serão filhos do casal muitas vezes transformam, ou melhor, omitem as dificuldades prováveis do casamento para que os cônjuges se aproximem segundo os preceitos das leis divinas e formem o lar, transformando determinadas dificuldades em motivos de maior amor, de compreensão maior.

O namoro, o noivado, muitas vezes, estão presididos pelos espíritos familiares que serão os filhos do casal. Quando esses mesmos espíritos se transformam em nossos filhos, parece que há diminuição de amor, mas isso não acontece. Existe, sim, a poda da paixão, no capítulo das afeições possessivas que devemos evitar.

Diga-nos o que deve fazer, dentro de suas capacidades, um médium, a fim de poder ser completo e útil para o Plano Espiritual?

Chico Xavier: Devotamento ao bem do próximo, sem a preocupação de vantagens pessoais, eis o primeiro requisito para que o medianeiro se torne sempre mais útil ao Plano Espiritual. Em seguida, quanto mais o médium se aprimore através do estudo e do dever nobremente cumprido, mais valioso se torna para a execução de tarefas com os instrutores da Vida Maior.

Qual é a verdade desta vida?

Chico Xavier: Há algum tempo, um espírito amigo, aliás, um trovador de renome, ao referir-se à verdade, me disse que ela se parece a um espelho do Céu que se quebrou, ao tocar na Terra, em inúmeros fragmentos. Cada um de nós possui um pequeno pedaço desse espelho simbólico, com o qual pode observar a própria imagem, aperfeiçoando-a sempre.

Dinheiro. Outra vez, escutamos Chico respondendo a alguém que o interpelara quanto ao dinheiro dos livros, ponderando que as editoras deveriam conceder-lhe parte de suas rendas.

Chico Xavier: Não é nada, mas, o dia que eu aceitar pelo menos um tostão do produto da venda de qualquer livro desses, deixarei de ser Chico Xavier, ou seja: menos do que nada!

Resposta de Chico Xavier a uma pessoa que, ao observar os necessitados tomando sopa, perguntou-lhe: – O senhor acha que um prato de sopa vai resolver o problema da fome no mundo?

Chico Xavier, sem titubear responde: O banho também não resolve o problema da higiene no mundo, mas nem por isso podemos dispensá-lo.

Por que pessoas que fazem tanto bem para a humanidade, como a Irmã Dulce, têm uma morte tão sofrida?

Chico Xavier: Lembrando com muito respeito e reconhecimento a Irmã Dulce, nossa patrícia, nós perguntamos: E por que o sofrimento de Jesus no lenho?! Ele era o guia da humanidade e, a bem dizer, um anjo protetor da comunidade humana. É que nós necessitamos de uma interpretação mais exata do sofrimento em nosso caminho diário. Creio que todos nós devemos pagar o tributo da evolução, no agradecimento à Divina Providência dos bens que desfrutamos. E nesse particular, se é possível, peço licença para recordar meu próprio caso.

Sempre tive uma vida normal, como a de tantos seres humanos. Entretanto, com uma labirintite que me apanhou há três anos, sou agora praticamente um paraplégico, porque tenho as minhas pernas constantemente doloridas e inúteis. Mas reconheço que estou com 82 anos de existência física, a caminho dos 83, tenho muita alegria de viver e muita satisfação pela oportunidade de conhecer uma doença que me priva da vida natural de intercâmbio com os próprios familiares.

Um paraplégico que se habituou a usar muletas nos visitou há dias e me perguntou:

Chico Xavier, eu sou um leitor das páginas mediúnicas que você tem recebido... Indago a você por que é que Emmanuel, um Espírito benemérito; por que é que André Luiz, um médico de altos conhecimentos; por que é que Meimei, uma irmã que foi a professora devotada da infância e da mocidade; por que é que o Dr. Bezerra de Menezes, que continua sendo, na Vida Maior, um médico do mais elevado gabarito e que é seu amigo – por que é que eles não curam você?

Eu disse assim:

Meu amigo, graças a Deus eu não me sinto com privilégio algum... A mediunidade não me exime das vicissitudes e das lutas naturais de qualquer pessoa dos nossos grupos sociais. Penso que essa moléstia tão longa e tão difícil é um ensinamento de que eu necessito, porque, quando chegar à Vida Espiritual, breve como espero, e algum instrutor me perguntar: – Chico Xavier, você nunca teve uma moléstia grave que durasse longo tempo?

Eu vou dizer: – Sim, fiz 80 anos, e, depois do dia em que completei 80 anos, começou a defasagem do meu corpo físico...

Mas isto é muito natural em qualquer pessoa, especialmente na pessoa idosa. É uma crucificação gradual e que eu necessito para não ficar envergonhado no além, quando eu chegar à convivência dos nossos irmãos já desencarnados... Eu quero não sentir vergonha de nunca ter sofrido...

Mas para mim isto não é sofrimento. Tenho muitos bons amigos, cultivo a amizade com muito calor humano, gosto muito da vida e sei que vou continuar vivendo...

Se Jesus permitir, os médicos desencarnados lá me ofertarão – talvez, quem sabe? – alguma melhora, ou, se a doença continuar, eu devo saber que é a vontade de Deus, é o Desígnio Divino que nos deu a felicidade da vida...

Então, eu estou aqui com vocês na maior alegria e creio que ninguém escutou de mim qualquer queixa, porque estou muito bem. Não me falta alimentação, não me falta medicina, os médicos amigos me tratam estudando a moléstia com muita atenção, me proporcionando as melhoras possíveis...

E eu continuo há dois anos na condição de paraplégico, mas estou muito feliz e, creio eu, estou muito longe da grandeza espiritual da Irmã Dulce, não tenho nada a me queixar, e sim agradecer; eu creio que ela também terá sentido muita felicidade ao se ver libertada do corpo doente. Se ela puder – eu compreendo –, e, sendo possível, ela nos auxiliará.

Então o senhor não acredita no Apocalipse previsto por Nostradamus e outros videntes para o ano 2000?

Chico Xavier: Respeito os estudos sobre o Apocalipse, mas não tenho ainda largueza de pensamento para interpretar o Apocalipse como determinados técnicos o interpretam e situam.

Mas, acima do próprio Apocalipse, eu creio na bondade eterna do Criador, que nos insuflou a vida imortal.

Então, acima de todos os apocalipses, eu creio em Deus e na imortalidade humana, e essas duas realidades preponderarão em qualquer tempo da humanidade.

Nota-se de uns tempos para cá um interesse maior nas pessoas em conhecer alguma coisa do espiritismo. Como o senhor vê essa situação?

Chico Xavier: Eu creio que o número de adeptos da Doutrina Espírita tem crescido em função das provas coletivas com que temos sido defrontados, acidentes dolorosos, provações muito difíceis, desvinculações familiares tremendas, transformações muito rápidas nos costumes sociais, e tudo isso tem induzido a comunidade a procurar uma resposta espiritual a estes problemas que vão sendo suscitados pela própria renovação do nosso tempo.

Eu creio que, por isso mesmo, a Doutrina Espírita tenha alcançado este campo de trabalho cada vez mais amplo, que considero também não como êxito, mas como amplitude e responsabilidade para aqueles que são os companheiros da seara espírita e evangélica.

No dia 23 de janeiro de 1981, conversávamos com Chico Xavier, em sua residência, sobre mediunidade, tema que sempre nos fascinou.

Na ocasião, adentraram à casa dois visitantes dos Estados Unidos da América, acompanhados de Eurípedes Tahan Vieira, seu médico particular e amigo de longa data.

Donald, um dos visitantes, pergunta-lhe: Em sua opinião, a que veio Jesus Cristo? E quanto à Sua morte na cruz?

Chico Xavier: Jesus nos ofereceu um sistema de vida. Aprendemos com ele o perdão. Não me consta que sábios ilustres, como Sócrates e Platão, tenham atendido algum mendigo, embora, com o devido respeito que merecem, tenham sido criaturas que forneceram voos ao pensamento humano.

Também quanto ao bem do próximo, tivemos no ensino do Samaritano uma aula sobre a caridade. Jesus veio até nós para ensinar que o amor é o caminho para uma vida abundante.

Foi sua assinatura – concluiu o médium –, como se ele estivesse assinando uma escritura, para lhe dar a maior autenticidade.

Um outro assunto que causa muita polêmica, muita discussão, é o problema da liberação do sexo. Eu gostaria que o senhor nos dissesse o que pensa a respeito desse assunto.

Chico Xavier: A liberação do sexo é um problema muito difícil de apoiar, porque o homem tem deveres para sua companheira e a companheira dele tem também os seus compromissos para com ele. A liberação do sexo é mais um motivo para que a irresponsabilidade alastre no mundo e crie a infelicidade de muitos lares, aumentando quase que pavorosamente o número dos desquites nos tribunais.

No início de sua missão mediúnica, o senhor foi muitas vezes incompreendido e até caluniado. Como faria uma análise disso, já que hoje sua imagem tem outra aceitação?

Chico Xavier: Minha atitude perante a opinião pública foi sempre a mesma, de muito respeito ao pensamento dos outros. Porque nós não podemos esperar que os outros estejam ideando situações e problemas de acordo com nossas convicções mais íntimas.

De modo que não posso dizer que sofri essa ou aquela agressão porque isso nunca aconteceu em minha vida. Sempre encontrei muita gente boa. Vamos procurar um símbolo: dizem que os índios gostam muito de simbologia por falta de termos adequados para se expressar.

Como me sinto uma pessoa bastante inculta, eu gosto muito de recorrer a essas imagens. Vamos pensar que eu seja uma pedra que foi aproveitada no calçamento de uma avenida. Colocada a pedra no piso da avenida, naturalmente que essa pedra vai se sentir muito honrada de estar ali a serviço dos transeuntes e, naturalmente, que essa pedra não poderá queixar-se dos martelos que lhe tenham quebrado as arestas.

Todos eles foram benfeitores.

Chico, qual o mais importante aspecto da Doutrina Espírita: o de religião, o de filosofia ou o da ciência?

Chico Xavier: O espírito de Emmanuel costuma nos dizer que a coisa mais importante que cada um de nós poderá fazer na vida é seguir o mandamento cristão que nos aconselha "Amar a Deus acima de todas as coisas e ao próximo como a si mesmo".

Segundo Emmanuel, tudo o mais é mera interpretação da verdade. Desta forma, não temos dúvida ao crermos ser o aspecto religioso da Doutrina Espírita o seu ângulo fundamental.

Muito nobre a filosofia, mas em verdade a filosofia nada mais faz do que muita conversa.

Muito nobre o esforço científico, mas em verdade a mesma ciência que inventou a vacina construiu a bomba atômica. Então, devemos reconhecer que todos nós, os seres humanos, trazemos dentro de nós um alto grau de periculosidade e, até hoje, a única força no mundo capaz de frear estes impulsos de periculosidade humana é, sem sombra de dúvida, a religião.

Um grupo de amigos conversava perto de Chico sobre o difícil problema do relacionamento humano e de como acertar nos serviços de assistência social, quando este se saiu com esta:

Chico Xavier: Ser bonzinho é fácil, difícil é ser justo.

Qual a maior prova concreta que Francisco Cândido Xavier aponta sobre a reencarnação?

Chico Xavier: A lógica para compreendermos a desigualdade no campo das criaturas humanas. Por que é que uns renascem sofrendo em condições muito mais difíceis do que os outros?

Não podemos admitir a injustiça divina! Deus é a justiça suprema.

Portanto, nós devemos a nós mesmos a consequência dos nossos desajustes. Se eu pratiquei um crime, se lesei alguém, é natural que não tendo pago a minha dívida moral, durante o espaço curto de uma existência, é justo que eu faça esse resgate em outra existência, porque de outro modo compreenderíamos Deus como um ditador, distribuindo medalhas para uns e chagas para outros, o que é inadmissível.

Compaixão.

Chico Xavier: Sem compaixão uns pelos outros, a vida no mundo estará comprometida. Precisamos respeitar as pessoas, os animais – nossos irmãos menores –, as árvores, os rios...

A Terra é um palácio de beleza!

A Natureza é exuberante...

As estações do ano que se sucedem – cada uma tem uma beleza peculiar; a época de floração, do acasalamento dos pássaros, a temporada das chuvas, quando, então, tudo fica mais verde ainda...

À noite, temos estrelas no firmamento, a brisa que sopra mansamente...

Tudo isto é uma riqueza!

Somos ricos no Amor de nosso Pai!...

Inimigos da prece.

Chico Xavier: Existem espíritos inimigos da prece – são aqueles que não acreditam na Paternidade Divina. Assemelham-se às terras desertas onde nada cresce... Somente a misericórdia do Senhor poderá transformá-los. São espíritos doentes que deverão ser tratados em sucessivas internações no corpo de carne...

O filme Kramer vs. Kramer questiona o problema da paternidade e da maternidade, a partir da separação de um casal e da educação resultante dessa união. Você acha que a Jurisprudência deveria introduzir novos critérios nas questões da família e permitir ao pai, em maior número de casos, ficar com a guarda do filho?

Chico Xavier: Nós, que lidamos com o assunto de reencarnação, somos compelidos a entender que, no espírito feminino ou da criatura que atravessou larga faixa de séculos no campo da feminilidade, o amor está plasmado para a criatividade perante a vida.

Por enquanto, eu não posso conceber que no espírito de masculinidade haja recursos suficientes para que a criação dos filhos ou a condução da criança em si encontre um campo bastante fortalecido para que a criatura se desenvolva em nosso meio terrestre. Creio que seja uma inversão de valores.

Não posso entender muito bem esta parte, pelo menos para os próximos anos, porque então teríamos de educar a mulher para ter as atividades do homem e educar o homem para ter as atividades da mulher, o que seria um contrassenso, sobretudo se fôssemos exigir isso de um momento para outro.

Hoje se instalou uma nova Constituição no país. Como a vemos?

Chico Xavier: Os técnicos afirmam em artigos bem fundamentados para nossos jornais que a Constituição está muito bem elaborada.

Formulamos votos que essa Constituição seja um instrumento de paz e felicidade a todos os brasileiros, com os nossos agradecimentos àqueles que formularam esse novo instrumento de leis.

Que todos recebam com boa vontade o documento que se fez e regerá nossa existência, e peçamos ao Senhor que nos dê força, saúde e boa vontade para procurar a alegria do trabalho, porque o trabalho já é visto como uma concessão de Deus. Vamos esperar que Ele nos dê o que necessitamos.

A ciência cada vez mais se dedica à inseminação artificial. Eu queria saber do senhor qual é ponto de vista da espiritualidade sobre os filhos de laboratório?

Chico Xavier: Em diversos países, notadamente da Europa, a inseminação artificial se tornou algo comum, mas cremos que é um assunto que se deve atribuir àqueles que se encontram descompromissados e sem nenhum vínculo para com deveres que eles não tenham.

Sabemos de senhoras de determinado país da Europa que, tendo altos vencimentos, porque são donas de uma inteligência invulgar, essas senhoras, que não se casaram, podendo pagar várias empregadas para tomar conta de um filho, acharam de bom alvitre escolher o material que lhes pareceu mais adequado à vida delas. De modo que ficamos na expectativa sobre o assunto, num país como o nosso, em que estamos interessados em limitar os números crescentes do fator demográfico.

O casal tem o direito de programar o número de filhos em sua própria casa?

Chico Xavier: Diz Allan Kardec em *O Livro dos Espíritos* que o homem deve corrigir tudo aquilo que possa ser contrário à natureza. Hoje, dividem-se as opiniões, mas, à frente da problemática da nossa civilização, dos impositivos da educação e da assistência à família, nós, pessoalmente, acreditamos que o casal tem direito de pedir a Deus inspiração, de rogar a Jesus as sugestões necessárias para que não venha a cair em compromissos nos quais os cônjuges permaneçam frustrados.

Somos filhos de família numerosa. Sou descendente de uma família de 15 irmãos, mas, de 20 anos para cá, a vida no planeta tem sofrido muitas alterações e devemos estudar o planejamento com muito respeito à vida e consequentemente a Deus, em nossos deveres uns para com os outros, e não cairmos em qualquer calamidade por omissão ou deserção dos nossos deveres.

Como ficará a Doutrina Espírita após a sua morte? O senhor acha que ela ficará abalada? Quem poderá substituí-lo na liderança?

Chico Xavier: A Doutrina Espírita estará tão bem depois da minha desencarnação quanto estava antes, porque eu não sou pessoa com qualidades especiais para servi-la. Sou um médium tão comum, tão falível como qualquer outro. Não me sinto uma pessoa necessária e muito menos indispensável. Outros médiuns estarão aí interpretando o pensamento e a mensagem dos nossos amigos espirituais, e eu peço a Deus apenas que não me deixe dar "mancadas" em minha tarefa.

A que atribui o fato de grande parte da população brasileira seguir duas religiões? Nas grandes capitais, a maioria das pessoas declara-se, tradicionalmente, pertencente a essa ou aquela igreja, mas na hora da dor e da adversidade muitos vão em busca do pai-de-santo ou do caboclo incorporado que lhes afirma: "Vou dar um jeito no seu problema."

Chico Xavier: Ante os problemas do imediatismo na Terra ser-nos-á realmente difícil pensar em nossos irmãos da coletividade humana, por pessoas capazes de aguardar uma solução mais segura às questões que as preocupam quando algum ingrediente de facilidade possa surgir de perto, quase que exigindo a adesão da criatura necessitada, para que a tranquilidade transitória venha favorecê-la. Isso é claramente humano. Aliás, não será de desprezar o concurso que alguém nos oferte em benefício de nossa paz, quando a aflição, muitas vezes dramatizada ou exagerada, nos colha de assalto. Entretanto, as leis da vida não se alteram para ninguém. Uma ferida em nós pode talvez encontrar um paliativo que a obscureça, dando-nos a impressão de cura, mas chega sempre o momento em que verificamos, às vezes tardiamente, que essa ferida, supostamente um mal, era justamente o bem que necessitávamos para evitar sofrimento maior.

O que essa convivência estreita com os espíritos lhe tem ensinado de mais importante?

Chico Xavier: Creio que a matéria mais importante que recolhi da convivência diária com os Amigos Espirituais, durante 60 anos, é a que julgo ser meu relacionamento com meus semelhantes.

Tendo saído de um curso primário que não me proporcionava naturalmente qualquer diretriz psicológica para compreender as outras pessoas, o tato e a caridade que os espíritos amigos me ensinaram para guardar o respeito que devo ao próximo e que preciso manter para minha paz íntima. Na essência foram e ainda são os melhores recursos que recebi da convivência com eles, para me relacionar com os irmãos da caminhada humana. Isso porque me cabe aceitá-los como são, dosando a verdade em qualquer diálogo que se faça necessário, sem feri-los e prejudicá-los.

Dizem os amigos espirituais que as atitudes de apreço e tolerância construtiva para com as criaturas, sejam como sejam, nos fazem ver que precisamos da cooperação delas, em nosso próprio benefício.

Existem pessoas que têm acorrido a todos os recursos terrenos e espirituais na esperança de uma cura para sua enfermidade, e não tendo resolvido seu problema acabam chegando à descrença.

Mesmo sem fé, muitas vezes ainda procuram você como um recurso.

Essas pessoas podem chegar a receber uma cura?

Chico Xavier: Acredito que, se a pessoa está no merecimento natural da cura, tenha ela fé ou não, a misericórdia divina permite que essa criatura encontre a restauração de suas forças.

Isso em qualquer religião, ou em qualquer tempo; agora, os espíritos nos aconselham um espírito de aceitação. Primeiramente, em qualquer caso de doença que possa ocorrer em nós, em nosso mundo orgânico, o espírito de aceitação torna mais fácil ao médico deste mundo ou para os benfeitores espirituais do outro atuarem em nosso favor.

Agora, nossa aflição ou nossa inquietação apenas perturbam os médicos deste mundo ou do outro, dificultando a cura. E podemos ainda acrescentar: que, muitas vezes, temos conosco determinados tipos de moléstias, que nós mesmos pedimos, antes de nossa reencarnação, para que nossos impulsos negativos ou destrutivos sejam amainados.

Muitas frustrações que sofremos neste mundo são pedidas por nós mesmos, para não cairmos em falhas mais graves do que aquelas que já caímos em outras vidas. Mas, como estamos num regime de esquecimento – como uma pessoa anestesiada para sofrer uma operação –, então demandamos em rebeldia, em aflição desnecessária, exigindo uma cura, que se tivermos, será para nossa ruína, não para nosso benefício.

O mal nunca vencerá o bem?

Chico Xavier: O bem sanará o mal porque este não existe: é o bem, mal interpretado. Muitas vezes aquilo que julgamos como mal, daqui a dois, quatro, seis anos, é um bem cuja extensão não conseguimos avaliar. Portanto, o mal está muito mais na nossa impaciência, no nosso desequilíbrio quando exigimos determinadas concessões, sem condições de obtê-las. De modo que o mal é como se fosse o frio. Este existe porque o calor ainda não chegou. Mas, chegando o aquecimento, o frio deixa de existir.

Se a treva aparece é porque a luz está demorando, mas quando acendemos a luz ninguém pensa mais nas trevas. Não creio na existência do mal em substância. Isso é uma ficção.

Deve-se aceitar a lei do carma passivamente ou temos condições de modificá-la, talvez, para uma condição melhor?

Chico Xavier: Aquilo que ficou estabelecido como sendo nossa dívida é uma determinação que devemos pagar. Se comprei e assumi a dívida, devo pagar.

É o que consideramos destinação. É o carma.

Mas isso não impede a lei da criatividade, com a qual nós podemos atuar todos os dias para o bem, anulando o carma, chamado de sofrimento.

Vamos supor que uma criatura está doente e precisa de uma intervenção cirúrgica. É o caso de perguntarmos: ela deve ou não se submeter à intervenção cirúrgica, o que tem todas as possibilidades de êxito?

Ela deve sim, deve preservar o seu próprio corpo, é um dever procurar a medicina e se valer do socorro médico para a reabilitação do seu próprio organismo. Então, aí está uma resposta a esta questão.

A misericórdia de Deus sempre nos proporciona recursos para pagar ou reformar nossos títulos de débito, assim como uma organização bancária permite que determinadas promissórias sejam pagas com grandes adiantamentos, conforme o merecimento do devedor. Assim como temos grande número de amigos avalistas a nos tutelar nos bancos, temos também os espíritos extraordinários que são santos, anjos, nossos amigos espirituais que pedem por nós, auxiliam, nos dão mais oportunidades para que tenhamos mais tempo. Por isso que a pessoa deve cuidar bem de seu corpo, porque ele é a enxada com a qual a criatura está semeando e lavrando o terreno do tempo e das boas ações.

De modo que existe o carma, mas existe também o pensamento livre, porque nós somos livres por dentro da cabeça.

Como devemos entender a expressão "almas gêmeas" dentro da conceituação de que os espíritos não têm sexo?

Chico Xavier: Diz *O Livro dos Espíritos* que os espíritos não possuem sexo como entendemos na Terra, mas percebamos "como entendemos", de vez que, do ponto de vista da comunhão das criaturas, cada qual no corpo ou fora do corpo tem o magnetismo que se lhe faz peculiar.

A saudade de alguém é a fome do magnetismo desse alguém, razão pela qual o amor é uma lei para nós todos, das pessoas umas com as outras no curso do tempo e na construção dos ideais que lhes são comuns.

Na China já está sendo utilizado um medicamento que provoca o aborto, quando ingerido, nas primeiras semanas, sem necessidade de intervenção cirúrgica. O que você pensa disso?

Chico Xavier: Sempre que faço qualquer referência ao aborto, lembro-me da utilidade do anticoncepcional como elemento de socorro às necessidades do casal.

As duas criaturas querem a união, mas não estão em condições de realizarem esse ideal, nesse caso, a anticoncepção viria em seu auxílio.

Se minha mãe quando me esperava, repleta de doenças, quisesse me expulsar, não sei o que seria de mim.

Se há o anticoncepcional, por que teremos de promover a morte de criaturas nascituras ou em formação?

Com uma terra tão imensa para ser lavrada e aproveitada, é impossível aplaudir o aborto. Somente podemos entender o aborto terapêutico quando a vida materna está ameaçada.

Lembro-me de minha mãe sofrendo por minha causa e não posso aplaudir.

Uma palavra de esperança para nosso país, que atravessa uma crise tão difícil, problemas sociais, violências.

Chico Xavier: Certa vez Léon Denis foi questionado com respeito ao futuro do espiritismo, e então disse: – A doutrina será, aqui, o que os homens fizerem dela.

E nós poderemos parafrasear Léon Denis dizendo que o Brasil será a grandeza ou a decadência que os homens, principalmente os dirigentes da Nação, dela fizerem.

Poderia nos contar um fato ou uma passagem de sua vida que lhe traz melhores recordações e o que mais lhe tocou o coração?

Chico Xavier: Peço permissão para contar um caso que para mim foi um dos mais expressivos, que mais parece uma história infantil.

Eu estava em Uberaba, há uns dois anos, esperando um ônibus para ir ao cartório. Da nossa residência até lá tem uns três quilômetros. Nós, com horário marcado, não podíamos perdê-lo. Mas, quando o ônibus estava quase parando, uma criança, de uns cinco anos, apresentando bastante penúria, gritava por mim, de longe. Chamava por Tio Chico, mas com muita ansiedade. O ônibus parou e eu pedi, então, ao motorista: "Pode tocar o ônibus, porque aquela criança vem correndo em minha direção e estou supondo que este menino esteja em grande necessidade de alguma providência". O ônibus seguiu, eu perdi, naturalmente, o horário. A criança chegou ao meu lado, arfando, respirando com muita dificuldade. Eu perguntei: "O que aconteceu, meu filho?" Ele respondeu: "Tio Chico, eu queria pedir ao senhor para me dar um beijo".

Esse eu acho que foi um dos acontecimentos mais importantes de minha vida.

Como os espíritos explicam o crescimento das chamadas Doutrinas Evangélicas e Pentecostais?

Chico Xavier: Cada um tem liberdade para manifestar seus pensamentos e estender suas ideias. Sempre existirão aventureiros, e eles terão sempre em sua mira aqueles que trabalham. Somos um conjunto de corações que precisa estar atento às nossas tradições, não digo tradição no sentido do comodismo, mas no sentido de grandeza, progresso objetivo, pensamentos positivos e realmente voltados para o bem do próximo. Isso tudo é pensamento dos espíritos amigos.

Devemos cultivar nossas orações não como uma obrigação, mas como homenagem singela a Deus, que nos deu um mundo tão lindo. Eu olho as plantas por minha janela e fico perguntando por que são tão verdes e floridas. Vejo nesta simplicidade o melhor lugar para orar e falar com Deus.

Para que frequentar igrejas sombrias quando o caminho da alma é aquele onde se adora a Deus e se ama ao próximo. Aí está a estrada que devemos percorrer. Um dia alguém veio me dizer que em determinada cidade uma igreja havia sido destruída. Não quis saber qual era a cidade, mas disse: – Cada igreja que se fecha dá a chance de abertura de cinco sanatórios.

Não posso discutir sobre essas igrejas porque elas se dividiram. Mas acho que Jesus ainda é nosso maior ponto de chegada, nosso ponto central de atenção. Não compreendo a divisão da fé. Acho que o cristianismo é uno e sua divisão é incompreensível. Aquilo que não compreendo não falo.

Chico, você não tem inveja dos moradores desses lindos palácios?

Chico Xavier: Naturalmente que os moradores dessas mansões são todos excelentes amigos, gente muito boa de nossa terra, mas não tenho inveja deles, porque se todos nós temos que desencarnar um dia e largar tudo o que temos neste mundo, por que havemos de sentir inveja uns dos outros?

Penso que cada um de nós está no lugar onde está o trabalho que Deus nos manda fazer.

Chico, fale-nos sobre Meimei. Sua fala mansa e agradável começou a penetrar nos ouvidos:

Chico Xavier: É um espírito que tem trabalhado muito. Lembro-me quando ela precisou encaminhar seu ex-esposo, que andava muito triste, para o segundo matrimônio. Quando a data do casamento estava próxima, ela começou a sentir um pouco de ciúmes e desejou voltar para junto dele.

"Como esposa, não dá mais tempo. Mas, como filha, ainda posso" – pensou ela.

Fez a solicitação, mas por sorte ou azar dela seu requerimento foi parar nas mãos de nosso caro Emmanuel. Ele a chamou e disse:

"Suas horas de trabalho falam alto a seu favor. A senhora tem méritos suficientes para nascer como filha de seu ex-esposo, mas por que, então, a senhora sensibilizou tantos corações com suas mensagens, levantando creches e lares para crianças?

Deseja deixar o trabalho sobre os ombros dos companheiros e volta à Terra por uma simples questão de ciúmes?

Posso encaminhar seu requerimento às Autoridades Superiores, mas quero que a senhora fique bem certa de que ele vai sair daqui com o primeiro não, que é o meu."

Desde então Meimei desistiu da ideia e continua no Mundo Espiritual, graças a Deus.

Que mensagem você gostaria de aqui deixar para os iniciadores da construção do Terceiro Milênio?

Chico Xavier: Prezado amigo, se eu dispusesse de autoridade rogaria aos homens que estão arquitetando a construção do Terceiro Milênio para colocarem no portal da Nova Era as inolvidáveis palavras de Nosso Senhor Jesus Cristo: "Amai-vos uns aos outros como eu vos amei."

Pode-se afirmar que todos os homens que habitam hoje a Terra já tiveram uma experiência anterior de vida?

Chico Xavier: Todos os que estão acima da inteligência submediana são espíritos reencarnados. Agora, os espíritos nos explicam que aquelas criaturas demasiadamente primitivas, que às vezes nem mesmo se deslocam para o serviço de autoalimentação, essas criaturas estarão talvez na primeira experiência de existência humana. Mas, desde que a criatura já nasça com determinadas tendências, essas revelam que as pessoas já viveram em outras fases, em outras instâncias.

A ação negativa do cigarro sobre o perispírito do fumante prossegue após a morte do corpo físico? Até quando?

Chico Xavier: O problema da dependência continua até que a impregnação dos agentes tóxicos nos tecidos sutis do corpo espiritual ceda lugar à normalidade do envoltório períspirito, o que, na maioria das vezes, tem a duração do tempo correspondente ao tempo que o hábito perdurou na existência física do fumante. Quando a vontade do interessado não está suficientemente desenvolvida para arredar de si o costume inconveniente, o tratamento dele, no Mundo Espiritual, ainda exige quotas diárias de sucedâneos dos cigarros comuns, com ingredientes análogos aos cigarros terrestres, cuja administração ao paciente diminui gradativamente, até que ele consiga viver sem qualquer dependência do fumo.

A caravana para em frente a uma palhoça num bairro pobre de Uberaba. Uma mulher grisalha acerca-se do médium à saída do carro: – Chico, meu neto está para morrer. Que é que eu faço?

Chico Xavier: Minha irmã, a prece de uma avó por um neto necessitado arromba as portas do céu!

Vamos orar.

Meu querido amigo Chico Xavier, há mais de 60 anos você se dedica a um trabalho mediúnico maravilhoso! Qual o significado disso tudo e o que isso representa para você?

Chico Xavier: Um amigo espiritual em comunicação, há poucos dias, numa página que eu considero muito interessante, contou que um amigo espiritual perguntou a um Mentor das esferas mais altas o que significavam 60 anos de trabalho espiritual ininterrupto. E ele respondeu que, para Jesus, significariam 6 minutos.

Em meados de 1978, um guru indiano visitava o Brasil, e o assunto no alpendre da casa de Chico Xavier girava em torno da meditação transcendental e sua aplicação na vida do homem ocidental, conforme apregoado pelo religioso recém-chegado das montanhas do Himalaia.

O médium ouviu com acatamento as notícias acerca dos prodígios obtidos pelos gurus e a seguir contou-nos a seguinte história:

Chico Xavier: Às margens do Ganges vivia um guru que se propunha a meditar e a jejuar até que conseguisse cruzar as águas do rio sagrado, levitando o corpo. Nesse mister de esforços empreendeu dez anos de sua vida, até julgar-se apto a fazer aquela travessia a seco.

No dia escolhido, certo de que conseguiria volitar sobre a superfície líquida, caminhou resolutamente e, para espanto de muitos, realmente chegou a seco no outro lado do rio.

Ao pisar a outra margem, embora com o coração cheio de júbilo, perguntou ao seu guia por que foram necessários dez anos para cruzar sobre as águas do rio sagrado.

"Muito simples" – respondeu-lhe o espírito. "Não terias esperado tanto, se há dez anos tivesses construído aí uma pinguela para fazer essa travessia...".

Você tem medo da morte?

Chico Xavier: Não tenho medo, pois creio que essa convivência com entidades espirituais me deu um desligamento dos interesses imediatos da vida física.

Prefiro viver no padrão que fui criado. Assim, quero que seja até o dia de partir.

Não sou atormentado pela dor.

Sou muito feliz porque os espíritos me escolheram para realizar esta tarefa de, durante algum tempo, na forma de livros e mensagens, poder estender minhas opiniões e manifestações. Comecei este trabalho em 1927 e trabalhei regularmente com eles até 1994.

Qual a melhor atitude da mulher que trabalha fora e, por questão de formação ou oportunidade, se sobressai mais que o marido?

Chico Xavier: A mulher precisa de muito tato, humildade e necessita ser fiel, cooperadora no progresso do esposo, abstendo-se de falar em casa ou em público com relação à sua superioridade ante o companheiro, às vezes, ansioso por encontrar uma promoção digna no trabalho a que se vincula por dever de família.

Ante as lutas que surgiram ao longo do tempo, alguma vez chegou a pensar em viver a sua própria vida, deixando a mediunidade?

Chico Xavier: o princípio das tarefas, estranhei a disciplina a que devia submeter-me. Fiquei triste ao imaginar que eu era uma pessoa rebelde e, nesse estado de quase depressão, certa feita me vi, fora do corpo, observando um burro teimoso puxando uma carroça que transportava muitos documentos.

Notei que o animal, embora trabalhando, fitava com inveja os companheiros da sua espécie que corriam livremente no pasto, mas viu igualmente que muitos deles entravam em conflitos, dos quais se retiravam com pisaduras sanguinolentas.

O burro começou a refletir que a vida livre não era tão desejada como supusera, de começo. A viagem da carroça seguia regularmente, quando ele se reconheceu amparado por diversas pessoas que lhe ofereciam alfafa e água potável.

Finda a visão-ensinamento, coloquei-me na posição do animal e compreendi que, para mim, era muito melhor estar sob freios disciplinares do que ser livre no pasto da vida para escoicear companheiros ou ser por eles escoiceado.

Peço sempre aos bons espíritos que me auxiliem com as lutas; precisamos das dificuldades para crescer...

Não devemos orar para que não tenhamos problemas, mas, sim, para que eles não nos embaracem...

A luta é necessária. Quem ora com a ideia de se isentar das provas ora sem compreensão do espírito da prece...

Como se explica que o mundo tivesse no ano de 1500, vamos supor, 500 milhões de habitantes e agora, no limiar do ano 2000, estarmos com uma população em torno de 4 bilhões de pessoas?

Chico Xavier: O próprio Jesus disse: – A casa de meu Pai tem muitas moradas.

Então, se nós limitarmos nossa visão a apenas uma unidade física estaremos limitados em nossos raciocínios. Mas ocorre que a região chamada crosta terrestre é cercada por várias áreas habitadas por inteligências junto das quais ainda não temos acesso preciso. Nós acreditamos, juntamente com os amigos espirituais, que a população flutuante da Terra vai para mais de 20 bilhões, isto só a população desencarnada.

Como descreveria a ação dos componentes do cigarro no perispírito de quem fuma?

Chico Xavier: As sensações do fumante inveterado, no mais além, são naturalmente as da angustiosa sede de recursos tóxicos a que se habituou no plano físico, de tal modo obcecante que as melhores lições e surpresas da vida maior lhe passam quase que inteiramente despercebidas, até que se lhe normalizem as percepções.

O assunto, no entanto, no capítulo da saúde corpórea, deveria ser estudado na Terra mais atenciosamente, de vez que a resistência orgânica decresce consideravelmente com o hábito de fumar, favorecendo a instalação de moléstias que poderão ser claramente evitáveis.

A necropsia do corpo cadaverizado de um fumante em confronto com o de uma pessoa sem esse hábito estabelece clara diferença.

Um grupo de pessoas do bairro logo se forma na calçada dele adiantando-se uma mulher ainda jovem em visível crise nervosa: – Chico, estou com espírito ruim encostado em mim, tira ele de mim.

Chico Xavier: Uai, gente, para que tirar o espírito? Vamos evangelizar-nos todos juntos, encarnados e desencarnados.

Seremos Pátria do Evangelho na Grande Renovação?

Chico Xavier: Quanto à conceituação de Pátria do Evangelho somos compelidos a pensar no futuro, quando teremos, talvez, necessidade de exemplificarmos, até com o sacrifício, o Evangelho que nos foi confiado pelo Nosso Senhor Jesus Cristo.

Sem nos esquecermos de que, do ponto de vista evangélico, até Ele foi atingido pelo sacrifício extremo, para dar-nos essa alvorada maravilhosa que é a doutrina de luz que nós abraçamos e que une a todos num só abraço, num só coração.

Chegada essa época, naturalmente, seremos compelidos a testemunhos e a exemplificações. E, agora, antes das lutas maiores que o porvir nos reserva, serão horas difíceis para nós. Como filhos da Pátria do Evangelho, devemos exemplificar e esperar.

Eu quero de você, Chico, uma resposta a um angustiante dilema que nos cerca hoje – o terrível flagelo da Aids. Como a espiritualidade vê esse mal?

Chico Xavier: Na condição de uma moléstia semelhante à varíola, quando ela despovoava cidades e efetuava milhares de desencarnações, até que a vacina pudesse debelar o mal que ela causava. Também na Aids temos muitas interpretações, inclusive a de que essa moléstia terá aparecido para punir as criaturas humanas. Mas não pensamos assim, porque a misericórdia de Deus paira no mesmo nível da justiça.

Estamos com um problema muito sério e, naturalmente, exige atenção dos cientistas que se dedicam à pesquisa e à realização de melhores dias para a humanidade.

Por que, na maioria dos casos, após a morte, a fisionomia dos desencarnados adquire uma expressão de suave paz?

Chico Xavier: A maioria das criaturas, em se desencarnando, de maneira pacífica, isto é, com a paz de consciência, quase sempre reencontra entes queridos que a antecederam na viagem da chamada morte física e deixa no próprio semblante as derradeiras impressões de paz e alegria que o corpo consegue estampar.

Gostaria de saber como uma pessoa pode notar que é dotada de mediunidade, quais as vantagens espirituais oferecidas por esta, e como essa pessoa deve proceder?

Chico Xavier: Vamos dizer, a mediunidade é peculiar a toda criatura humana; todas as pessoas são portadoras de valores mediúnicos, que podem ser cultivados ao máximo, desde que a criatura se dedique a esse gênero de trabalho espiritual. De modo que, muitas vezes, encontramos certa dificuldade no problema mediúnico dentro da Doutrina Espírita.

De modo geral, a pessoa só se diz médium quando se sente vinculada a um processo obsessivo; quando sente arrepios, muita perturbação, muito assediado, médium doente. A mediunidade está enferma. Mas a pessoa sã, em plenitude dos seus valores físicos, pode perfeitamente estudar a própria mediunidade e ver qual o caminho que suas faculdades mediúnicas podem tomar.

Uma criatura que desenvolva a sua própria mediunidade, desenvolva-a educando-se, procurando aprimorar sua capacidade cultural, seus valores, vamos dizer, os seus valores de experiência humana, seus contatos no campo da humanidade, seu dom de servir; essa criatura encontra na mediunidade um campo vastíssimo de trabalho e de felicidade, porque a felicidade verdadeira vem do trabalho bem aplicado, daquele que se constitui um serviço pelo bem de todos.

E o médium, dentro da Doutrina Espírita, é uma criatura não considerada fora de série de criaturas humanas. O médium é um ser humano com fraquezas e imperfeições potenciais de toda criatura terrestre.

Então, a Doutrina Espírita é Mãe Generosa, porque acolhe a criatura humana e faz dela um médium, mesmo que tenha muitos erros e acertos, mas, depois, no curso do tempo, os acertos vão abafando os erros e a criatura pode terminar a existência com grande merecimento, porque, pelo trabalho na mediunidade pelo bem comum, vence esse peso, que é o mais importante no mundo.

Vencer a nós mesmos do ponto de vista das tendências inferiores que estejamos carregando. Falo isso a meu respeito, porque não creio que ninguém carregue tanta imperfeição como eu.

Certa senhora, presidente de uma grande instituição de caridade, desencarnara, e o amigo que ficou em seu lugar pediu para perguntar ao Chico se ele estava preparado para assumir aquela tarefa. Eis a resposta:

Chico Xavier: Nenhum de nós está preparado para realizar a obra do Cristo. Mas isso não é motivo para fugirmos do trabalho e permanecermos na inércia, e sim trabalhar, oferecendo ao Senhor o que temos de melhor. Isto porque ainda não somos anjos, e sim criaturas humanas, que precisam trabalhar na obra de Jesus, a qual devemos oferecer o que tenhamos de melhor.

Que pensar da situação do doador de órgãos, no momento da morte, uma vez que seu instrumento físico se viu despojado de parte importante?

Chico Xavier: É o mesmo que sucede com uma criatura que cede seus recursos orgânicos a um estudo anatômico, sem qualquer repercussão no espírito que se afasta – vamos dizer, de sua cápsula material.

O nosso André Luiz considera, excetuando-se determinados casos por mortes em acidentes e outros casos excepcionais em que a criatura necessita daquela provação, ou seja, sofrimento intenso no momento da morte, esta de um modo geral não traz dor alguma porque a demasiada concentração do dióxido de carbono no organismo determina anestesia do sistema nervoso central, diz ele.

Estou falando como médium, que ouve esses amigos espirituais. Não que eu tenha competência médica para estar aqui pronunciando-me em termos difíceis. Eles explicam que o fenômeno da concentração do gás carbônico no organismo alteia o Ser da anestesia do sistema nervoso central provocando um fenômeno que eles chamam de acidose. Com a acidose vem a insensibilidade, e a criatura não tem estes fenômenos de sofrimento que nós imaginamos.

O doador, naturalmente, não tem, em absoluto, sofrimento algum.

Solicitado a opinar sobre o sexo, Francisco Cândido Xavier ensejou-nos nova e amorável mensagem:

Chico Xavier: Acreditamos que o compromisso sexual entre duas pessoas deve ser profundamente respeitado. Uma terceira pessoa em qualquer compromisso sexual é uma dificuldade a superar, porque não podemos esquecer que a lesão sentimental é, talvez, mais importante do que uma lesão física. E alguém que prometeu amor a alguém deve se desincumbir deste compromisso com grandeza de pensamento e sem qualquer insegurança.

Não compreendemos a promiscuidade. Mas entendemos perfeitamente o relacionamento de alma para alma, com respeito que nós todos devemos uns aos outros.

Atualmente, fala-se muito nos contatos de seres extraterrenos. O senhor acredita na existência de discos voadores?

Chico Xavier: Eu acredito que existem naves interplanetárias. Mas o assunto é um tanto quanto difícil, porque pertence ao campo da ciência.

Nós não podemos ignorar que, depois da Segunda Guerra Mundial, as superpotências experimentaram determinadas máquinas, mormente máquinas voadoras, naturalmente com segredos de Estado que são compreensíveis. Possivelmente, teremos máquinas de formas esféricas para voar e concorrer com nossos aviões, nossos "Concordes", e talvez estejam esperando a hora certa para surgir.

Se entrarmos aí numa contenta sobre discos voadores, que dependem de outros mundos, de outras regiões de nossa galáxia, e se as sedes desses engenhos não permitirem que eles venham visitar a Terra durante muito tempo e aparecerem as máquinas esféricas das superpotências, então com que rosto vamos aparecer?

Vamos deixar que a ciência resolva este problema.

Hebe, em janeiro de 1986, lamentou a existência de grande quantidade de jovens que estão fazendo uso de drogas, e perguntou ao médium o porquê desse desastre.

Chico Xavier: O tóxico é o irmão mais sofisticado da cachaça, através da qual também temos perdido muita gente.

A fascinação pelo tóxico é a necessidade de amor que o jovem tem. Mesadas grandes que não são acompanhadas de carinho e de calor humano paterno geram conflitos muito grandes. Muitas vezes a privação do dinheiro, o trabalho digno e o afeto vão construir uma vida feliz.

Uma recém-casada, alta e magra, queixa-se de que o marido se enfureceu e ficou violento.

Chico Xavier: A caridade quebra a violência. Minha filha, a harmonia muitas vezes é fruto da caridade.

Com tanta violência e corrupção em nosso país, os benfeitores acreditam que o Brasil seja "o coração do mundo e a pátria do Evangelho"?

Chico Xavier: Essa pergunta tem sido assunto de muitos diálogos nossos com os companheiros de nossa casa. O nosso Emmanuel é de opinião que dentro do mundo turbulento com a incompreensão comandando tantos corações, milhões de pessoas, não pode ser motivo de dúvidas para nós que o Brasil é o coração do mundo.

Quando nos lembramos de que, com todas as deformidades que assinalam nossa época, com todas as dificuldades de ordem material, nossas mesas têm sido amparadas por benfeitores espirituais. O pão que nós pedimos na oração dominical é modificado por bênçãos de toda a espécie.

O aborto, Chico, é uma questão que merece o seu esclarecimento. Eu gostaria muito, mas muito, de ouvir.

Chico Xavier: Um crime que é cometido, entre as quatro paredes de uma casa, com absoluta impunidade e impossibilidade da vítima para se defender. O aborto é uma falta grave.

Sempre me pareceu que nós, a maioria das pessoas, desconhecemos a imensa força do pensamento na formulação da existência. O pensamento pode reformular a vida de uma pessoa?

Chico Xavier: Sem dúvida. Os benfeitores espirituais são unânimes em asseverar que toda renovação do espírito, em qualquer circunstância, começa na força mental. O pensamento é a força criadora.

Ignora você a popularidade que os livros mediúnicos lhe trouxeram?

Chico Xavier: Sei que eles me trouxeram muita responsabilidade. Quanto ao caso da popularidade, sei que cada amigo faz de nós um retrato para uso próprio e cada inimigo faz outro. Mas diante do mundo espiritual não somos aquilo que os outros imaginam, e sim o que somos verdadeiramente. Desse modo, sei que sou um espírito imperfeito e muito endividado, com necessidade constante de aprender, trabalhar, dominar-me e burilar-me perante as leis de Deus.

Um grande amigo tinha recebido uma considerável indenização e não sabia como aplicar o dinheiro. Estávamos em Uberaba e eu lhe disse:
– Por que você não pergunta ao Chico?
Ele assim o fez. Vejamos a resposta:

Chico Xavier: O Espírito Emmanuel ensina que há um provérbio espanhol que diz:

"Não carregues o teu tesouro numa só nau."

O poder da oração.

Chico Xavier: Fui criado acreditando no poder da oração. Devo isto às duas mães que o Senhor me concedeu. A nossa carência era tão grande que sentíamos compelidos a tudo esperar do alto; muitas vezes, não tínhamos o que comer. O trabalho era escasso. O meu pai, que vendia bilhetes de loteria, passava muitos dias sem vender uma tira... Os vizinhos nos socorriam. A solidariedade dos mais pobres me marcou profundamente o espírito.

Emmanuel.

Chico Xavier: Explicando...

Lembro-me de que, em 1931, numa de nossas reuniões habituais, vi a meu lado, pela primeira vez, o bondoso espírito Emmanuel.

Eu psicografava, naquela época, as produções do primeiro livro mediúnico, recebido através de minhas humildes faculdades e experimentava os sintomas de grave moléstia dos olhos.

Via-lhe os traços fisionômicos de homem idoso, sentindo minha alma envolvida na suavidade de sua presença, mas o que mais me impressionava era que a generosa entidade se fazia visível para mim, dentro de reflexos luminosos que tinham a forma de uma cruz.

Às minhas perguntas naturais, respondeu o bondoso guia:

– Descansa! Quando te sentires mais forte pretendo colaborar igualmente na difusão da filosofia espiritualista. Tenho seguido sempre teus passos e só hoje me vês na tua existência de agora, mas os nossos espíritos se encontram unidos pelos laços mais santos da vida e o sentimento afetivo que me impele para teu coração tem suas raízes na noite profunda dos séculos...

Essa afirmativa foi para mim imenso consolo e, desde essa época, sinto constantemente a presença desse amigo invisível que, dirigindo minhas atividades mediúnicas, está sempre ao nosso lado em todas as horas difíceis ajudando-nos a raciocinar melhor, no caminho da existência terrestre. A sua promessa de colaborar na difusão da consoladora Doutrina dos Espíritos tem sido cumprida integralmente.

Desde 1933, Emmanuel tem produzido, por meu intermédio, as mais variadas páginas sobre os mais variados assuntos. Solicitado por confrades nossos para se pronunciar sobre esta ou aquela questão, noto-lhe sempre o mais alto grau de tolerância, afabilidade e doçura, tratando sempre todos os problemas com máximo respeito pela liberdade e pelas ideias dos outros.

Convidado a identificar-se, várias vezes, esquivou-se delicadamente, alegando razões particulares e respeitáveis, afirmando, porém, ter sido, na sua última passagem pelo planeta, padre católico, desencarnado no Brasil.

Levando suas dissertações ao passado longínquo, afirma ter vivido ao tempo de Jesus, quando então se chamou "Públio Lêntulos".

E de fato Emmanuel, em todas as circunstâncias, tem dado a todos que o procuram os testemunhos de grande experiência e de grande cultura.

Para mim, tem sido ele de incansável dedicação. Junto do espírito bondoso daquela que foi minha mãe na Terra, sua assistência tem sido um apoio para meu coração nas lutas penosas de cada dia.

Muitas vezes, quando me coloco em relação com as lembranças de minhas vidas passadas e quando sensações angustiosas me prendem o coração, sinto-lhe a palavra amiga e confortadora.

Emmanuel leva-me, então, às eras mortas e explica-me o grande e pequeno porquê das atribulações de cada instante. Recebo invariavelmente, com a sua assistência, um conforto indescritível, e assim é que renovo minhas energias para a tarefa espinhosa da mediunidade, em que somos ainda tão incompreendidos.

Alguns amigos, considerando o caráter de simplicidade dos trabalhos de Emmanuel, esforçaram-se para que este volume despretensioso surgisse no campo da publicidade.

Entrar na apreciação do livro, em si mesmo, é coisa que não está na minha competência. Apenas me cumpria o dever de prestar ao generoso guia dos nossos trabalhos a homenagem do meu reconhecimento, com a expressão da verdade pura, pedindo a Deus que o auxilie cada vez mais, multiplicando suas possibilidades no mundo espiritual e derramando-lhe n´alma fraterna e generosa as luzes benditas do seu infinito amor.

O que poderá acontecer ao mundo se continuarem as atuais agressões à natureza?

Chico Xavier: Acontece que estamos agredindo não a natureza, mas a nós mesmos, e responderemos pelos nossos desmandos.

É importante pensar que se criou a Ecologia para prevenir estes abusos.

Aqueles que acreditarem na ecologia acima de seus próprios interesses nos auxiliarão nessa defesa do nosso mundo natural, da nossa vida simples na Terra, que poderia ser uma vida de muito mais saúde e de muito mais tranquilidade se nós respeitássemos coletivamente todos os dons da natureza.

Mas, se continuarmos agredindo-a demasiadamente, o preço será pago por nós, porque depois voltaremos em novas gerações, plantando árvores, acalentando sementes, modificando o curso dos rios, despoluindo águas, drenando pântanos e criando filtros que nos libertem da poluição.

O problema será sempre do homem.

Teremos que refazer tudo, porque estamos agindo contra nós mesmos.

Se o senhor tivesse que dar uma mensagem a uma criança, ou mesmo a um filho, para que ele pudesse vencer espiritualmente na vida, o que diria?

Chico Xavier: Se eu tivesse um filho (tive na minha vida algumas crianças que cresceram sob a minha responsabilidade), ensinaria nos primeiros dias de vida desse filho o respeito à existência de Deus e o respeito à justiça e amor ao trabalho. Em seguida, ensinaria que ele não seria, e não será, melhor do que os filhos dos outros.

Acredita você na existência de cidades em Marte, na base de matéria diferente daquela que conhecemos na Terra?

Chico Xavier: Devo informar à "Folha Espírita" que, antes de psicografarmos o livro *Nosso Lar*, de nosso amigo André Luiz, nossa ideia sobre qualquer cidade em outros planetas se fixava em quadros que seriam absolutamente iguais aos do nosso Plano Físico, na Terra.

Quando os amigos espirituais se reportavam a cidades em outros mundos, não possuía, de minha parte, outros padrões comparativos se não os que identificava neste mundo mesmo.

Entretanto, em 1943, quando iniciei a psicografia dos livros de André Luiz, passei a reconhecer que a matéria se caracterizava por diferentes gradações e compreendi que, em torno de paisagens cósmicas, sejam elas quais sejam, podem existir cidades e vida comunitária, em condições que nos escapam, por enquanto, ao conhecimento condicionado de espíritos temporariamente encarnados na existência física.

Rafael Vanussi (criança): Chico, e a relação pais e filhos? Como a gente deve se comportar? E como nossos coroas devem nos tratar?

Chico Xavier: Uma criança de 6 a 8 anos, ela não tem recursos para fazer opções. Ela precisa de alguém que a dirija no caminho da vida, e isso é uma tarefa dos pais, e das mães em particular, porque sem os pais e sem as mães os professores, por eméritos que eles sejam, não podem realizar a transformação espiritual do espírito que a criança representa em si.

E se a criança já nasce numa condição de necessidade, como um pássaro recém-nato que aprende pouco a pouco a voar, é uma descaridade deixarmos nossos filhos em plena ignorância da responsabilidade de viver, da beleza do amor e da felicidade de sermos unidos para o bem. A criança é um adulto que está numa fantasia transitória. Até mais ou menos aos 14, 15 anos, uma criança não tem discernimento para fazer opções quando ao caminho que lhes cabe seguir.

Daí a tragédia dos toxicômanos que começam cedo, seduzidos por criaturas inescrupulosas que se fazem traficantes desses venenos. A falta de pais vigilantes criou os delinquentes infantis.

Outubro de 1991. Há três anos Chico Xavier não recebia repórter para uma entrevista. Nesse fim de semana, ele quebrou o silêncio e com a voz muito fraca deu uma lição de vida.

Chico Xavier: Eu posso estar com o corpo doente porque estou em tratamento de uma labirintite muito difícil. Mas, intimamente, eu me sinto como se tivesse 20 anos. É uma doença que eu falo assim: Você pode trazer quedas e machucar, mas você machuca só o corpo. Por dentro, eu sou feliz, pareço até melhor.

Nós nos sentimos cada vez melhor no Brasil. Muita gente acha que o Brasil está em calamidade. Eu não creio, porque nossas mesas são ricas. Nós podemos repartir o pão, não é verdade?

Palavras como estas: "Amai-vos uns aos outros", "perdoar 70 vezes 7". Olha que palavras! Ressoam ainda hoje. Meu Deus, a vida é tão bela! Uma folha de qualquer planta, vista com os olhos da fé, é uma página tão bela quanto a de Shakespeare.

Amar sem esperar ser amado e sem aguardar recompensa alguma. Amar sempre!

Como encontrar motivação e despertar em nosso íntimo novas e insuspeitadas fontes de energia na reedificação da nossa felicidade? Em outras palavras: qual o caminho para nos sintonizarmos com os inesgotáveis mananciais de energia do Universo?

Chico Xavier: Dizem os amigos espirituais que a iniciação da verdadeira felicidade está em fazer os outros felizes. Ao doar alegria e paz, bom ânimo e segurança ao próximo, encontramos a fonte de energia que nos fará constantemente motivados para a sustentação da felicidade a nós.

Disciplina.

Chico Xavier: Quem abandona o cultivo de si mesmo permite que o matagal de suas imperfeições tome conta da alma. Sem disciplina, o espírito não avança. Se eu não me submetesse à disciplina na mediunidade, o esforço dos espíritos teria sido em vão. O médium tem que ter horário. Não é ser escravo do relógio, mas também não é ignorar o valor do tempo.

Chico, o homem pode voltar na condição de mulher na reencarnação imediata e vice-versa?

Chico Xavier: É perfeitamente possível. Kardec deixou o assunto para interpretação a nosso bel-prazer. O homem, por vezes, precisará voltar na posição de mulher para desenvolver sentimentos que ele persiste, de modo particular, em recusar; e a mulher na posição de homem, para consolidar os méritos da renúncia, da humildade e do sacrifício aos quais tenha sido indiferente ou deixado de exercitar na condição mais propícia de mulher.

No seu modo de entender, como se situa o espiritismo no Brasil?

Chico Xavier: Desde muito, os instrutores desencarnados nos ensinam, por via mediúnica, que o espiritismo no Brasil é realmente a Doutrina Codificada por Allan Kardec, restaurando os ensinamentos de Jesus, em sua simplicidade e clareza. Enquanto em muitos países diferentes do nosso a prática espírita se resume a observações puramente científicas e a técnicas mediúnicas, entre nós, brasileiros, o assunto assume características diversas, compreendendo-se que o reconhecimento da imortalidade da alma faz-se acompanhar de consequências morais a que não nos será lícito fugir. Aprendemos com Allan Kardec que a Doutrina Espírita é a presença espiritual de Nosso Senhor Jesus Cristo na Terra, conclamando-nos à vivência real dos seus ensinamentos de luz e amor.

Em razão disso, o espiritismo no Brasil é a caridade em ação com a fé raciocinada baseando-lhe as iniciativas e movimentos. Consultemos o acervo das instituições assistenciais do espiritismo cristão, espalhadas no Brasil inteiro, e observemos a difusão das obras de Allan

Kardec, em todo o nosso país, com a supervisão e o devotamento da Federação Espírita Brasileira, e ser-nos-á fácil reconhecer em nosso desenvolvimento coletivo a presença do espiritismo em sua legítima expressão, a definir-se como sendo o retorno das criaturas ao cristianismo simples e puro.

Instado a opinar também sobre os vícios, o médium ensejou-nos novos e importantes esclarecimentos:

Chico Xavier: Não entendemos o vício como sendo um problema de criminalidade, mas como um problema de desequilíbrio nosso, diante das leis da vida. E isto não apenas no terreno em que o vício é mais claramente examinado.

Por exemplo: se falamos demasiadamente, estamos viciados no verbalismo excessivo e infrutífero. Se bebemos café excessivamente, estamos destruindo também possibilidades do nosso corpo nos servir. Quando falamos a palavra vício, habitualmente, logo nos recordamos do sexo.

Mas do sexo herdamos nossa mãe, nosso pai, lar, irmãos, a bênção da família. Tudo isto recebemos através do sexo. No entanto, quando falamos em vício, lembramo-nos do fogo do sexo e o tóxico... Mas tóxico é outro problema para nossos irmãos que se enfraqueceram diante da vida, que procuram uma fuga. Não são criminosos. São criaturas carentes de mais proteção, de mais amor. Porque, se os nossos companheiros enveredaram pelo caminho do tóxico, procuraram esquecer algo. E esse algo são eles mesmos.

Então, precisávamos, talvez, reformular nossas concepções sobre o vício.

Há pouco tempo, perguntamos ao espírito de Emmanuel como é que ele definia um criminoso. Ele nos disse: – O criminoso é sempre um doente, mas se ele for culpado, só deve receber esse nome depois de examinado por três médicos e três juízes.

Estuda-se no Brasil uma forma de legalização do aborto. Qual sua opinião?

Chico Xavier: O aborto é sempre lamentável, porque, se já estamos na Terra com elementos anticoncepcionais de aplicação suave, compreensível e humanitária, por que é que havemos de criar a matança de crianças indefesas, com absoluta impunidade, entre as paredes de nossas casas?

Isto é um delito muito grave perante a Providência Divina, porque a vida não nos pertence, e sim ao poder divino.

Se as criaturas têm necessidade do relacionamento sexual para revitalização de suas próprias forças, o que achamos muito justo, seria melhor se fizessem sem alarme ou sem lesão espiritual ou psicológica para ninguém. Se o anticoncepcional veio favorecer esta movimentação das criaturas, por que vamos legalizar ou estimular o aborto?

Por outro lado, podemos analisar que se nossas mães tivessem esse propósito de criar uma lei do aborto no século passado, ou no princípio e meados deste século, nós não estaríamos aqui.

Comentou-se que o senhor estaria restringindo o número de consultas diárias por motivos de saúde. É verdade?

Chico Xavier: Pelo contrário. O médico acha que devo restringir as consultas, que só devo atender uma média diária de 50 pessoas, não por não estar bem, mas por ter 74 anos.

Diminuí as consultas para continuar bem.

Do ponto de vista espiritual como definir o lar e a família?

Chico Xavier: Outra afirmativa de nosso Emmanuel é de que o lar é uma benção de Deus para os homens e de que a família é uma criação dos homens onde eles podem servir a Deus, desde que aceitem com amor o sacrifício e a renúncia, o trabalho e o serviço por alicerces de nossa felicidade em comum.

Adultério

Uma esposa, ainda jovem, confiara-nos seu caso. Achamos válido registrá-lo como elucidário para outros corações que atravessam idênticas situações.

Descobriu-se lesada afetivamente pela conduta menos responsável de seu marido e, amargurada, procurou, por várias vezes, consolar-se, buscando presença amiga de Chico Xavier.

Houve um dia, porém, em que, sentindo-se em desventura maior, compareceu à reunião do Grupo Espírita de Prece, na esperança de encontrar alívio com aquele coração profundamente ligado ao Senhor.

Não foi sem mágoa que trouxe à memória a figura daquele que, impreterivelmente, impusera-se como rival.

Diante do Chico, deixou que seus sentimentos aflorassem e indagou aflita: – Chico, o que fazemos para aceitar pessoas que entram violentamente no direito de felicidade nossa?

– Minha filha, quando Cristo nos exortou a perdoar setenta vezes sete, não estava só nos dando um código de moral, mas também de saúde do corpo. Quem perdoa, imuniza-se, cria anticorpos... Se o mal não está com você, não lhe dê cadeira!

Advertência aos Indiferentes

Depoimentos de Lins de Vasconcellos

(Mundo Espírita)

Quando visitei o conceituado e famoso médium Francisco Cândido Xavier, em Pedro Leopoldo, estado de Minas Gerais, a 19 de fevereiro de 1951, no salão do Centro Espírita "Luiz Gonzaga", fui por ele informado de que estava presente o espírito de Romão Rocha, que fora meu contemporâneo nas atividades espíritas do Paraná. Em seguida, o médium acrescentou: "Romão pergunta se o senhor se lembra das palavras que ele lhe disse". Respondi, após refletir, que não me lembrava. Realmente, não era fácil precisar, dentre tantas coisas que conversávamos, o que desejaria ele relembrar. Como houve a seguir interferência de terceiros, não me foi possível pedir ao espírito de Romão que reproduzisse o que antes me dissera.

Regressando à capital do estado de São Paulo, não podia esquecer esse fato e dele me estava a recordar constantemente. Assim, em 2 de abril, tomei a resolução de escrever ao espírito de Romão Rocha, o qual por intermédio de Chico Xavier, no dia 4, respondeu o seguinte: – Meu amigo, continue atento à execução dos compromissos assumidos, com a mesma vigilância construtiva que caracteriza as atitudes, porque no espaço não nos perdoamos se a indiferença inutilizou nossa sementeira. Tudo se modifica, ao perdermos temporariamente nossas possibilidades de atuação no plano dos encarnados, com a morte ou renovação do corpo, e precisamos aproveitar as horas e os talentos na concretização do bem com Jesus, de conformidade com deveres que traçamos para nós mesmos no grande caminho da vida.

Caixa Postal

(Mensagens religiosas)

Sempre me impressionou o volume de cartas e papéis colocados nos bolsos do paletó do Chico, que de tanta correspondência sempre estiveram muito inchados.

Confesso não saber a quem pertence a frase seguinte, mas considero-a de uma rara felicidade: "O bolso do paletó de Chico é a caixa postal de Deus."

Importa tomarmos um ou dois tapas na cara? Só pode acontecer de ficarmos com a cara inchada... Mas se, depois, ele nos levantar uma parede, estará tudo bem!

E o Chico, sorrindo, encerrou a lição: "A vida é igual uma escadaria e só subimos com muita pancadaria!"

Chico Xavier e um Caso de Perdão

(Entrevistas)

As Providências do Perdão

P – Ao transmitir, caro Chico, sua mensagem final aos irmãos de fala Castelhana, rogo-lhe a gentileza de narrar-nos um dos inúmeros fatos mediúnicos que o sensibilizaram no correr das suas quatro décadas de tarefas ininterruptas de mediunidade com Jesus.

R – Das experiências de nossa tarefa mediúnica, citaremos uma delas para nós inesquecível.

Nos arredores de Pedro Leopoldo, há anos passados, certa viúva viu o corpo de um filho assassinado chegando, repentinamente, em casa. Desde então, chorava sem consolo.

O irmão homicida fugira, logo após o delito, e a sofredora senhora ignorava até mesmo por que o rapaz perdera tão desastradamente a vida. Agravando-se-lhe os padecimentos morais, uma nossa amiga, já desencarnada, D. Joaninha Gomes, convidou-nos a ir em sua companhia partilhar um ligeiro culto do Evangelho com a viúva enlutada.

A desditosa mãe acolheu-nos com bondade, e, logo após, em círculo de cinco pessoas, entregamo-nos à oração.

Aberto em seguida *O Evangelho segundo o Espiritismo*, ao acaso, caiu-nos sob os olhos o item 14 do Capítulo X, intitulado "Perdão das Ofensas".

Ia, de minha parte, começar a leitura, quando alguém bateu à porta. Pausamos na atividade espiritual, enquanto a dona da casa foi atender. Tratava-se de um viajante maltrapilho, positivamente, um mendigo, alegando fome e cansaço. Pedia um prato de alimento e um cobertor.

A viúva o fez entrar com gentileza, e pediu-lhe alguns momentos de espera. O homem acomodou-se num banco, e iniciamos a leitura. Imediatamente, depois disso, comentamos a lição de modo geral. Um dos assistentes perguntou à dona da casa se ela havia desculpado o infeliz que havia matado seu filho querido.

A viúva asseverou que o Evangelho, pelo menos, determinava-lhe perdoar. Foi então que o recém-chegado e desconhecido exclamou para a nossa anfitriã: – Pois a senhora é mãe do morto?

E, trêmulo, acrescentou que ele mesmo era o assassino, passando a chorar e a pedir de joelhos.

A viúva, igualmente, em pranto, avançou maternalmente para ele e falou: – Não me peça perdão, meu filho, que eu também sou uma pobre pecadora... Roguemos a Deus para que nos perdoe!...

Em seguida, trouxe-lhe um prato bem feito e o agasalho de que o desconhecido necessitava. Ele, entretanto, transformado, saiu do Culto do Evangelho conosco e foi-se entregar à justiça.

No dia imediato, Joaninha Gomes e eu voltamos ao lar da generosa senhora, e ela nos contou, edificada, que durante a noite sonhara com o filho a dizer-lhe que ele mesmo, a vítima, trouxera o ofensor ao seu regaço de mãe para que ela o auxiliasse com bondade e socorro, entendimento e perdão.

Centro Espírita na Visão de Chico Xavier

"Os centros espíritas devem ser locais de oração, trabalho e estudo. Conhecer o espiritismo é de fundamental importância, mas, segundo Emmanuel me tem ensinado, esse conhecimento necessita ser traduzido na prática, a começar pelo entendimento entre os companheiros que constituem a equipe de cooperadores da casa. O fenômeno em um tempo de orientação kardecista deve ser acessório e nunca, sem dúvida, atividade especial."

"Para mim, centro espírita tinha que abrir todo dia, o dia inteiro... Se é hospital, como dizemos, como é que pode estar de portas fechadas?... O centro precisava se organizar para melhor atender os necessitados. O que impede que o centro espírita seja mais produtivo é a centralização das tarefas; existe dirigente que não abre mão do comando da instituição... Ora, de fato, a instituição necessita de comando, mas de um que se preocupe em criar espaço para que os companheiros trabalhem, sem que ninguém esteja mais preocupado com cargos do que com encargos..."

"O centro espírita, quanto mais simples, quanto mais humilde, mais reduto do evangelho. Construções colossais sempre me parecem destituídas de espírito... A Sociedade Espírita de Paris era uma sala de acanhada dimensões: ali imperava o espírito de fraternidade."

"As reuniões nos centros espíritas poderiam ser mais produtivas. Existe dirigente que abre e termina a sessão olhando o relógio... Não posso dar palpite no centro dos outros – Emmanuel me mandaria conservar a boca fechada –, mas a gente fica triste com os centros espíritas que funcionam apenas meia hora durante a semana..."

"Não precisamos esperar a formação de um grupo espírita para recepção de pessoas santas; vão chegar primeiro os mais infelizes; vão contar as mágoas, às vezes até seus crimes; vêm em busca de amor..."

"Não somos donos do movimento, a casa espírita não tem donos... Vamos criar oportunidade para o crescimento dos outros. Ninguém precisa anular ninguém... Sobra espaço para as estrelas no firmamento! Todas podem brilhar à vontade..."

"Se um amigo, ou os amigos, não tem paciência conosco, os grupos não prosperam, não frutificam em amor, em esperança, no socorro espiritual..."

"O centro espírita deve ser tocado como uma escola, ou seja, devemos estar dentro dele para aprender... Não é só para a mediunidade, para o passe ou para a desobsessão... Precisamos estudar as lições de Jesus nas interpretações de Allan Kardec e vivenciá-las, cuidando de nós mesmos, de nossa necessária renovação íntima..."

Chico Xavier, Quem é Você?

(Chico Xavier – O Homem, o Médium, o Missionário).

Em julho de 1977, o radialista uberabense Tharsis Bastos de Barros, no Programa Comemorativo aos 50 anos de atividades mediúnicas de Chico Xavier, pela Rádio Sete Colinas, de Uberaba, pergunta a Chico o seguinte: – CHICO XAVIER, QUEM É VOCÊ? Embora avesso a qualquer lance autobiográfico, Chico, o bom Chico, não deixou de responder ao radialista. Aqui reproduzimos a resposta do médium, tomando a liberdade de alterar o tempo da atividade mediúnica de Chico e o número de obras psicografadas para que possa, a resposta do querido medianeiro, adaptar-se ao nosso modesto e despretensioso trabalho.

"[...] embora seja avesso às informações autobiográficas, não posso deixar de me estender um tanto na resposta à questão que sua bondade suscita.

Antes de tudo, rogo suas desculpas se vier parecer pretensioso ou prolixo, o que realmente não desejo.

A pergunta que você me dirige não deixa de ser um tanto estranha, porque sendo eu um cidadão como qualquer outro pertenço ao gênero humano e não me consta seja de praxe que esta ou aquela pessoa deva explicar quem venha a ser, desde que esteja circulando, qual me acontece, no relacionamento comum.

Mas, satisfazendo sua curiosidade simpática, devo esclarecer ao prezado amigo que sou uma pessoa como tantas, com muitos erros na vida e alguns poucos acertos, sempre alimentando o sincero desejo de cumprir minhas obrigações.

Não tenho qualquer privilégio material ou espiritual. No setor da profissão, trabalhei 4 anos numa fábrica de tecidos, outros 4 anos num pequeno armazém, com setores anexos de cozinha e horticultura; e outros 32 anos consecutivos no Ministério da Agricultura, no qual me aposentei na condição de escriturário, somando ao todo 40 anos de trabalho profissional.

Em mediunidade, especialmente na psicografia, completei agora (1978) 68 anos de atividades ininterruptas.

Psicografei até agora 350 livros, em nos referindo aos livros já publicados que entreguei, sem qualquer remuneração, às Editoras Espíritas Cristãs, com o que reconheço estar simplesmente cumprindo um dever.

Materialmente, tenho atravessado longos períodos de moléstias físicas. Sou portador de luxação no olho esquerdo desde muitos anos e, em verdade, tenho recebido muito auxílio dos amigos espirituais nos tratamentos de saúde a que tenho me submetido, mas já passei por cinco cirurgias de grande porte, sempre pelas mãos de médicos cirurgiões humanos e amigos, submetendo-me a instruções médicas e a regimes hospitalares, como sucede a qualquer doente comum. A mediunidade não me deu imunidade contra doenças e tentações naturais na existência humana, porque ainda agora, numa ocorrência a qualquer pessoa com 85 janeiros de idade física, sou portador de um processo de angina que me obriga a um tratamento diário muito complexo.

Segundo você mesmo, caro amigo, pode observar, sou uma pessoa demasiadamente comum, sem pretensões a qualquer destaque, que nada fiz por merecer.

Devo esclarecer a você que não tenho privilégios de viver o tempo ao meu dispor, de vez que, como acontece a qualquer pessoa que preza os compromissos, o relógio tem muita importância em minha vida, conquanto me sinta muito feliz quando possa sustentar essa ou aquela conversação com os amigos, o que para mim não é um prazer muito acessível, em virtude das muitas tarefas a que sou vinculado.

Para esclarecer, tanto quanto possível, a minha resposta à sua pergunta, digo que em matéria de estudos tive apenas o curso primário, na cidade de Pedro Leopoldo, onde nasci. Mas, naturalmente, ouvindo instruções com o espírito Emmanuel e outros espíritos amigos, desde 1927, é impossível que minha inteligência, mesmo estreita como é, não obtivesse alguma evolução e algum aprimoramento em 68 anos de trabalho espiritual incessante.

Esclareço ainda a você que pertenço morfologicamente ao sexo masculino, e, qual ocorre com as pessoas que sentem e pensam sobre as próprias responsabilidades, psicologicamente tenho os conflitos naturais, inerentes a essas mesmas pessoas, conflitos estes que procuro asserenar, tanto quanto possível, com o apoio da religião, pois não creio que possamos vencer nossas tendências inferiores ou animalizantes sem fé em Deus, sem a prática de uma religião que nos controle os impulsos e nos eduque os sentimentos.

Passei por muitas lutas espirituais, desde tenra idade, em matéria de faculdades mediúnicas. Mas, com a Doutrina Espírita em que Allan Kardec explica os ensinamentos de Jesus, há precisamente 68 anos, encontrei nas tarefas espíritas o equilíbrio possível, de que eu necessitava, para viver e conviver com os meus irmãos em humanidade e para trabalhar como qualquer cidadão que deseja ser útil à sua família e ao seu grupo social.

Informo ainda a você que o trabalho mediúnico foi sempre muito intenso em minha vida, e que continuo solteiro, sentindo-me feliz nessa condição.

Aproveito o ensejo para dizer que sou muito grato aos companheiros e autoridades que se referem, com tanta generosidade e carinho, aos 68 anos de serviço mediúnico que completei agora, mas esclareço que, se algum apontamento elogioso aparece aqui e ali, esse apontamento pertence ao espírito de Emmanuel e a outros Benfeitores Espirituais que se comunicam por meu intermédio, em minha condição simples de medianeiro espírita, e que de mim mesmo não passo de um médium muito falho em tudo, precisando sempre das preces e das vibrações de apoio das pessoas amigas, espíritas e não espíritas, que possam fazer a caridade de orar em meu favor, para que eu possa cumprir meu dever. MUITO OBRIGADO!...”

Chico e uma Mãe Aflita

(Chico Xavier, Mediunidade e Ação)

As palavras de Chico Xavier estão sempre revestidas de luz, descortinando novos caminhos para nossos passos... Ele é uma fonte inesgotável de bênçãos, dessedentando corações cansados de sofrer no vale das provações humanas... Por isso, quando ele fala, todas as vozes se emudecem e todos os ouvidos se aguçam, a fim de guardar-lhe os ensinamentos nos escrínios da própria alma.

Recordo-me de que, há muito tempo, uma mãe aflita, ao debruçar-se-lhe sobre os ombros, indagou em lágrimas: – Chico, o que vou fazer agora da minha vida?!... Perdi meus filhos, Chico, num desastre... Morreram os dois... A minha dor é terrível... Estou desesperada...

O episódio nos comovia, no "Grupo Espírita da Prece", em Uberaba.

Fitando-a com os olhos igualmente repletos de lágrimas, o incansável servo do Cristo lhe respondeu: – Filha, nosso Emmanuel sempre me diz que a aceitação de nossos problemas, sejam eles quais forem, representa cinquenta por cento da solução dos mesmos; os outros cinquenta por cento vêm com o tempo... Tenhamos paciência e fé, pois não estamos desamparados pela bondade Divina.

Bastou que ouvisse essas palavras do Chico para que aquela senhora se acalmasse em uma cadeira próxima, começando a refletir sobre os desígnios de Deus.

De nossa parte, ficamos também, em silêncio, a meditar na grandeza da lição daquela hora, a respeito da aceitação do sofrimento, perguntando a nós mesmos quantas dores maiores poderíamos evitar, se nos resignássemos antes às dores aparentemente sem remédio que nos visitam no cotidiano...

Frases de Chico Xavier

"Até que os espíritos aparecessem em minha vida eu me sentia muito solitário... Passava muitos dias sem conversar com ninguém. Foram os espíritos que destramelaram a minha língua..."

"O sentimento de ódio é um processo de auto-obsessão."

"Quem é perseguido, muitas vezes, ainda consegue ir adiante, principalmente se estiver sendo perseguido de maneira injusta, mas quem persegue não sai do lugar."

"Graças a Deus, não me lembro de ter revidado a menor ofensa das inúmeras que sofri, certamente objetivando, todas elas, ao meu aprendizado, e não me recordo de que tenha, conscientemente, magoado a quem quer que fosse..."

"Planejar a infelicidade dos outros é cavar com as próprias mãos um abismo para si mesmo."

"Tenho sofrido muitas perseguições da parte de espíritos inimigos da Doutrina, mas, dizendo-lhes com sinceridade, as maiores dificuldades que enfrento para perseverar no serviço da mediunidade são oriundas de minhas próprias imperfeições."

"Sinceramente, eu não saberia dizer se certos companheiros encarnados desejam o progresso dos médiuns iniciantes; alguns têm sido implacavelmente perseguidos pelos que se rotulam adeptos da Doutrina..."

Mais Frases de Chico Xavier

"São quase sete milhões de adeptos de uma doutrina que vê a morte como transição para uma nova vida. Muitas vidas..."

Essa foi a apresentação do jornalista Ronaldo Rosas, referindo-se ao espiritismo, na abertura do programa *Nosso Tempo – As Muitas Vidas de Chico Xavier*, transmitido pela Rede Manchete de Televisão.

O programa durou uma hora e no início fez uma síntese da história do espiritismo. Apresentou entrevistas de atores da peça teatral *Além da Vida*, em cartaz há 10 anos, da peça *Laços Eternos*, em cartaz no Teatro Ruth Escobar, e trechos de antigas entrevistas de Francisco Cândido Xavier sobre os mais palpitantes assuntos.

"Chico Xavier não é somente um bom brasileiro. Ele é um espírito iluminado. É um homem que joga luzes no momento em que nós estamos em dúvida sobre o caminho a seguir. Um homem que nos dá inspiração para prosseguirmos na luta." São palavras do então presidente Fernando Collor de Mello antecedendo a entrevista de Francisco Cândido Xavier, que, mesmo muito fraco, falou sobre diversos e importantes assuntos.

Eis o que disse Francisco Cândido Xavier: – Governar, a meu ver, é quase um martírio mental. A criatura perde o tempo. O tempo passa a pertencer ao povo que ele dirige.

"Chega de desconsideração com os dignos, chega do esquecimento daqueles que trabalham ou que estão trabalhando por uma Terra melhor."

"O empresário brasileiro é um homem bom. Eu também fui operário de fábrica. Trabalhei numa máquina chamada "abridor" que recebia algodão em rama e depois dividia entre os filatórios. Eu trabalhava num dos filatórios e era muito feliz."

"Quando a gente escuta um grito de guerra soando em qualquer parte do mundo, seja no Iraque, na Cochinchina, na Rússia, na Inglaterra, na França... nós sentimos muita dor. Porque nos dói pensar no sofrimento das mães que criaram seus filhos até a maioridade, às vezes com imensos sacrifícios, se verem privadas dessa mocidade, que veio para iluminar o mundo e criar novos caminhos para nós."

"Isso tudo no Brasil que a gente lê, impressiona. Porque nós não vemos ainda providências e recursos capazes de se encontrarem para trazer ao nosso povo esses benefícios que penso que são justos, que não são produtos de greve."

"Eu creio que se nós, como povo, fôssemos educados para a tolerância recíproca, para o respeito à autoridade, para o trabalho persistente, sem conflitos entre empresários e trabalhadores; se todos nos uníssemos para compreender a necessidade desses valores espirituais na vida de cada um ou de cada grupo social, nós teríamos realmente um país extremamente venturoso."

"O homem brasileiro em si é pacífico, é ponderado, trabalhador, inteligente. E nós poderíamos produzir grandes valores semelhantes aos chamados países do primeiro mundo." (Martins, 2006).

(Chico Xavier, o Homem-Amor)

"O Cristo não pediu muita coisa, não exigiu que as pessoas escalassem o Everest ou fizessem grandes sacrifícios. Ele só pediu que nos amássemos uns aos outros."

"Nenhuma atividade no bem é insignificante... As mais altas árvores são oriundas de minúsculas sementes. A repercussão da prática do bem é inimaginável... Para servir a Deus, ninguém necessita sair do seu próprio lugar ou reivindicar condições diferentes daquelas que possui."

"Os Espíritos Amigos sempre mostram disposição de nos auxiliar, mas é preciso que, pelo menos, lhes ofereçamos uma base... Muitos ficam na expectativa do socorro do Alto, mas não querem nada com o esforço de renovação; querem que os espíritos se intrometam na sua vida e resolvam seus problemas... Ora, nem Jesus Cristo, quando veio à Terra, se propôs resolver o problema particular de alguém... Ele se limitou a nos ensinar o caminho, que necessitamos palmilhar por nós mesmos."

"Nunca quis mudar a religião de ninguém, porque, positivamente, não acredito que a religião a seja melhor que a religião b... Nas origens de toda religião cristã está o Pensamento de Nosso Senhor Jesus Cristo. Quem seguir o Evangelho... Se Allan Kardec tivesse escrito que 'fora do Espiritismo não há salvação', eu teria ido por outro caminho. Graças a Deus ele escreveu 'Fora da Caridade', ou seja, fora do amor não há salvação..."

"Devemos orar pelos políticos, pelos administradores da vida pública. A tentação do poder é muito grande. Eu não gostaria de estar no lugar de nenhum deles. A omissão de quem pode e não auxilia o povo, é comparável a um crime que se pratica contra a comunidade inteira. Tenho visto muitos espíritos dos que foram homens públicos na Terra em lastimável situação na Vida Espiritual..."

"O desespero é uma doença. E um povo desesperado, lesado por dificuldades enormes, pode enlouquecer, como qualquer indivíduo. Ele pode perder o seu próprio discernimento. Isso é lamentável, mas pode-se dizer que tudo decorre da ausência de educação, principalmente de formação religiosa."

"Sem Deus no coração, as futuras gerações colocarão em risco a vida no planeta. Por maior seja o avanço tecnológico da Humanidade, impossível que o homem viva em paz sem que a idéia de Deus o inspire em suas decisões."

"Devemos fazer tudo para evitar uma guerra, que viria sem dúvida, ser um atraso na marcha progressiva da humanidade. Quando surge uma guerra de proporções maiores, quase tudo se desmantela e, praticamente, tem que ser reiniciado..."

"Gente há que desencarna imaginando que as portas do Mundo Espiritual irão se lhes escancarar... Ledo engano! Ninguém quer saber o que fomos, o que possuíamos, que cargo ocupávamos no mundo; o que conta é a luz que cada um já tenha conseguido fazer brilhar em si mesmo..."

"Sem a ideia da reencarnação, sinceramente, com todo respeito às demais religiões, eu não vejo uma explicação sensata, inclusive, para a existência de Deus."

"Uma das coisas que sempre aprendi com os Benfeitores Espirituais é não tolher o livre arbítrio de ninguém; os que viveram na minha companhia sempre tiveram a liberdade para fazer o que quiseram..."

"Existem pessoas que se sentem ofendidas, magoadas por qualquer coisa: à mais leve contrariedade, humilhadas... Ora, nós não viemos a este mundo para nos banhar em águas de rosas... Somos espíritos altamente endividados – dentro de nós o passado ainda fala mais alto...... Não podemos ser tão suscetíveis assim..."

"Agradeço todas as dificuldades que enfrentei; não fosse por elas, eu não teria saído do lugar... As facilidades nos impedem de caminhar. Mesmo as críticas nos auxiliam muito."

"Emmanuel sempre me ensinou assim: – Chico, se as críticas dirigidas a você são verdadeiras, não reclame; senão são, não ligue para elas..."

"Graças a Deus, não me lembro de ter revidado a menor ofensa das inúmeras que sofri, certamente objetivando, todas elas, o meu aprendizado, e não me recordo de que tenha, conscientemente, magoado a quem quer que fosse..."

"Emmanuel sempre me disse: – Chico, quando você não tiver uma palavra que auxilie, procure não abrir a boca..."

"Sabemos que precisamos de certos recursos, mas o Senhor não nos ensinou a pedir o pão, mais dois carros, mais um avião... Não precisamos de tanta coisa para colocar tanta carga em cima de nós. Podemos ser chamados hoje à Vida Espiritual..."

"Tudo que criamos para nós, de que não temos necessidade, se transforma em angústia, em depressão..."

"A doença é uma espécie de escoadouro de nossas imperfeições; inconscientemente, o espírito quer jogar para fora o que lhe seja estranho ao próprio psiquismo..."

"Abençoemos aqueles que se preocupam conosco, que nos amam, que nos atendem as necessidades... Valorizemos o amigo que nos socorre, que se interessa por nós, que nos escreve, que nos telefona para saber como estamos indo... A amizade é uma dádiva de Deus... Mais tarde, haveremos de sentir falta daqueles que não nos deixam experimentar solidão!"

"A caridade é um exercício espiritual... Quem pratica o bem, coloca em movimento as forças da alma. Quando os espíritos nos recomendam, com insistência a prática da caridade, eles estão nos orientando no sentido de nossa própria evolução; não se trata apenas de uma indicação ética, mas de profundo significado filosófico..."

"Tudo o que pudermos fazer no bem não devemos adiar... Carecemos somar esforços, criando, digamos, uma energia dinâmica que se anteponha às forças do mal... Ninguém tem o direito de se omitir."

"Uma das mais belas lições que tenho aprendido com o sofrimento: Não julgar, definitivamente não julgar a quem quer que seja."

"O exemplo é uma força que repercute, de maneira imediata, longe ou perto de nós... Não podemos nos responsabilizar pelo que os outros fazem de suas vidas; cada qual é livre para fazer o que quer de si mesmo, mas não podemos negar que nossas atitudes inspiram atitudes, seja no bem quanto no mal."

"Sempre recebi os elogios como incentivos dos amigos para que eu venha a ser o que tenho consciência de que ainda não sou..."

"Fico triste quando alguém me ofende, mas, com certeza, eu ficaria mais triste se fosse eu o ofensor... Magoar alguém é terrível!..."

"A gente deve lutar contra o comodismo e a ociosidade; caso contrário, vamos retornar ao mundo espiritual com enorme sensação de vazio... Dizem que eu tenho feito muito, mas, para mim, não fiz um décimo do que deveria ter feito..."

"A questão mais aflitiva para o espírito no Além é a consciência do tempo perdido."

"Confesso a vocês que não vi o tempo correr... Por mais longa nos pareça, a existência na Terra é uma experiência muito curta. A única coisa que espero depois da minha desencarnação é a possibilidade de poder continuar trabalhando."

"Devemos aceitar a chegada da chamada morte, assim como o dia aceita a chegada da noite – tendo confiança que, em breve, de novo há de raiar o sol..."

"Tudo tem seu apogeu e seu declínio... É natural que seja assim; todavia, quando tudo parece convergir para o que supomos o nada, eis que a vida ressurge, triunfante e bela!... Novas folhas, novas flores, na indefinida bênção do recomeço!..."

"Ah... mas quem sou eu senão uma formiguinha das menores que anda pela terra cumprindo sua obrigação".

"Eu me sinto feliz de ser obstinadamente médium... Eu gosto de ser médium, gosto dessa palavra... Quero morrer médium... É tudo o que eu sempre quis ser..."

"A morte é a mudança completa de casa sem mudança essencial da pessoa."

"A revolução em que acredito é aquela ensinada por Nosso Senhor Jesus Cristo que começa pela corrigenda de cada um, na base do façamos aos outros aquilo que desejamos que os outros nos façam."

"A dor de tanta gente me penetra a alma toda."

"Sinto-me na maravilhosa máquina do serviço espírita à feição de insignificante peça de emergência, precisando repelões e consertos constantes pelas imperfeições que traz."

"Sei que sou um espírito imperfeito e muito endividado, com necessidade constante de aprender, trabalhar, dominar-me e burilar-me, perante as Leis de Deus."

"Devemos efetuar campanhas de silêncio contra as chamadas fofocas, cultivando orações e pensamentos caridosos e otimistas, em favor da nossa união e da nossa paz, em geral."

"Reconheço-me à maneira de um trabalhador do campo, preparando-se para o regresso ao lar, depois de um longo dia de trabalho."

"Quando os espíritos julgam necessário, eles vêm e falam ou escrevem mensagens para mim. A convivência com eles prossegue. Aliás, já me sinto um pouco desencarnado."

Como Vencer o Desejo

Que fazer para vencer o desejo?

Orar, meditar, dominar a erótica, trabalhar o mais que puder.

Silenciar.

Deus é quem Sabe

Outro dia perguntei a uma enfermeira do Plano Espiritual que tem velado por mim, qual irmã devotada.

– Estou perto da morte?

– A resposta não me cabe. O negócio de morrer somente Deus é que sabe. Minha tarefa é ajudá-lo a viver.

Lições do Silêncio

(Momentos com Chico Xavier

– Que você vai fazer em Uberaba, se o Chico está quase sem voz nestes dias? – indagou-me um amigo.

–Vou aprender alguma coisa com o silêncio dele. Não é só com palavras que o Chico nos ensina. Cada atitude dele também é um ensinamento.

O Espiritismo no Brasil

(Novas Mensagens)

Numerosos companheiros de Allan Kardec já haviam regressado às luzes da espiritualidade, quando inúmeras entidades do serviço de direção dos movimentos espiritistas no planeta deliberaram efetuar um balanço de realizações e de obras em perspectiva, nos arraiais doutrinários, sob a bênção misericordiosa e augusta do Cordeiro de Deus.

Vivia-se, então, no limiar do século XX, de alma aturdida ante as renovações da indústria e da ciência, aguardando-se as mais proveitosas edificações para a vida do Globo.

Falava-se aí, nesse conclave do plano invisível, com respeito à propagação da nova fé, em todas as regiões do mundo, procurando-se estudar as possibilidades de cada país, no tocante ao grande serviço de restauração do cristianismo, sem suas fontes simples e puras.

Após várias considerações em torno do assunto, o diretor espiritual da grande reunião falou com segurança e energia:

– Irmão de eternidade: no mundo terrestre, de modo geral, as doutrinas espiritualistas, em sua complexidade e transcendência, repousam no coração da Ásia adormecida; mas precisamos considerar que o evangelho do divino mestre não conseguiu ainda harmonizar essas variadas correntes de opinião do espiritualismo oriental com a fraternidade perfeita, em vista de as nações do Oriente se encontrarem cristalizadas na sua própria grandeza, há alguns milênios.

Em breve, as forças da violência acordarão esses países que dormem os sonos milenares do orgulho, numa injustificável aristo-cracia espiritual, a fim de que se integrem na lição da solidariedade verdadeira, mediante os ensinamentos do Senhor!... Urge, pois, que nos voltemos para a Europa e para a América, onde se campeiam as inquietações e ansiedades, e existe um desejo real de reforma, em favor da grande cooperação pelo bem comum da coletividade. Certo, essa renovação é sinônima de muitas dores e dos mais largos tributos de lágrimas e de sangue; mas, sobre as ruínas da civilização ocidental, deverá florescer no futuro uma sociedade nova, com base na solidariedade e na paz, em todos os caminhos dos progressos humanos... Examinemos os resultados dos primeiros esforços do Consolador, no Velho Mundo!

E os representantes dos exércitos de operários, que laboram nos diversos países da Europa e da América, começaram a depor, sobre os seus trabalhos, no congresso do plano invisível, elucidan-do-os sinteticamente:

– A França – exclamava um deles –, berço do grande missionário e codificador da doutrina, desvela-se pelo esclarecimento da razão, ampliando os setores da ciência humana, positivando a realidade de nossa sobrevivência, através dos mais avançados métodos de obser-vação e de pesquisa. Lá se encontram ainda numerosos mensageiros do alto, como Denis, Flammarion e Richet, clareando ao mundo os grandes caminhos filosóficos e científicos do porvir.

– A Grã-Bretanha – afirmava outro – multiplica os seus centros de estudos e de observação, intensificando as experiências de Crookes e dissolvendo antigos preconceitos.

– A Itália – asseverava novo mensageiro – teve um Lombroso o início de experiências decisivas. O próprio Vaticano se interessa pela movimentação das ideias espiritistas no seio das classes sociais, onde foi estabelecido rigoroso critério de análise no comércio dos planos invisíveis com o homem terrestre.

– A Rússia, bem como outras regiões do Norte – prosseguia outro emissário –, conseguira com Aksakof a difusão de nossas verdades consoladoras. Até a corte do Czar se vem interessando nas experimentações fenomênicas da doutrina.

– A Alemanha – afirmava ainda outro – possui numerosos físicos que se preocupam cientificamente com os problemas da vida e do morto, enriquecendo os nossos esforços de novas expressões de experiência e cultura...

Iam as exposições a essa altura, quando uma luz doce e misericordiosa inundou o ambiente da reunião de sumidades do plano espiritual. Todos se calaram, tomados de emoção indizível, quando uma voz, augusta e suave, falou, através das vibrações radiosas de que se tocava a grande assembleia:

– Amados meus, não tendes, para a propagação da palavra do Consolador, senão os recursos da falível ciência humana? Esquecestes que os excessos de raciocínio prejudicaram o coração das ovelhas desgarradas do grande rebanho? Não haverá verdade sem humildade e sem amor, porque toda a realidade do Universo e da vida deve chegar ao pensamento humano, antes de tudo, pela fé, ao sopro dos seus resplendores eternos e divinos!... Operários do evangelho: excelente é a ciência bem-intencionada do mundo, mas não esqueçais o coração em vossos labores sublimes... Procurai a nação da fraternidade e da paz, onde se movimenta o povo mais emotivo do globo terrestre, e iniciai ali uma tarefa nova. Se o Cristo edificou a sua igreja sobre a pedra segura e – da fé que remove montanhas e se o Consolador significa a doutrina luminosa e santa de esperança de redenção suprema das almas, todos os seus movimentos devem conduzir à caridade, antes de tudo, porque sem caridade não haverá paz nem salvação para o mundo que se perde!...

Uma copiosa efusão de luzes, como bênçãos do divino mestre, desceu do alto sobre a grande assembleia, assim que o apóstolo do Senhor terminou sua exortação comovida e sincera, luzes essas que se dirigiam, como aluvião de claridades, para a terra generosa e grande que repousa sob a luz gloriosa da constelação do Cruzeiro.

E foi assim que a caridade selou, então, todas as atividades do espiritismo brasileiro. Seus núcleos, em todo o país, começaram a representar os centros de eucaristia divina para todos os desesperados e para todos os sofredores. Multiplicaram-se as tendas de trabalho do Consolador, em todas as suas cidades prestigiosas, e as receitas mediúnicas, os conselhos morais, os postos de assistência, as farmácias homeopatas gratuitas, os passes magnéticos, multiplicaram-se, em todo o Brasil, para a fusão de todos os trabalhadores, no mesmo ideal de fraternidade e de redenção pela caridade mais pura.

O Tempo é Surdo

(Momentos com Chico Xavier)

Outro dia, o espírito de Emmanuel me disse: – O tempo é surdo. Por mais que a gente fale, ele não nos escuta. Ele não para. Não podemos brincar com ele. Se podemos utilizá-lo para reparação de nossos erros, melhor não desperdiçá-lo.

Parte 3

Palavras de Chico Xavier

(O Evangelho de Chico Xavier)

Em qualquer dificuldade, não nos esqueçamos da oração... Elevamos o pensamento a Deus, procurando sintonia com os espíritos bons.

No mínimo, a prece nos pacifica para que encontremos, por nós, a saída para a dificuldade que estejamos enfrentando...

Às vezes, naquele minuto de oração deixamos de tomar uma atitude precipitada de proferir uma palavra agressiva, de permitir que a cólera nos induza a qualquer atitude infeliz...

Respeito os estudos sobre o Apocalipse, mas não tenho largueza de pensamento para interpretar o Apocalipse como determinados técnicos o interpretam e situam. Mas, acima do próprio Apocalipse, eu creio na bondade eterna do Criador que nos insuflou de vida imortal. Então, acima de todos os Apocalipses, eu creio em Deus e na imortalidade humana, e essas duas realidades preponderarão em qualquer tempo da humanidade.

Dentro da visão espírita-cristã, céu, inferno e purgatório começam dentro de nós. A alegria do bem praticado é o alicerce do céu. A má intenção já é um piso para o purgatório, e o mal devidamente efetuado, positivado, já é o remorso que é o princípio do inferno.

Acreditamos que, para melhores esclarecimentos sobre médiuns e mediunidade, as obras de Allan Kardec devem ser consultadas e estudadas. Com todo nosso respeito aos entrevistadores, devemos dizer que solicitar de nós uma explicação sobre Deus é o mesmo que pedir a um verme que se pronuncie quanto à glória e à natureza do Sol, embora o verme, se pudesse falar, diria, com toda a certeza, da veneração e do amor que consagra ao Sol, que lhe garante a vida.

Agora, o problema no Brasil, pessoalmente, opinião minha, o que deveria ser faceado pela comunidade brasileira como um dos problemas mais sérios é o problema do trabalho. O amor ao trabalho e a fidelidade ao cumprimento do dever. Se nós todos trabalharmos, se carpirmos a terra, se construirmos, se lidarmos com a pedra, com o barro, com a sementeira, com os fios; se tecermos; se todos nós nos unirmos para criar valores em nosso benefício, a pobreza deixará de existir.

Não posso julgar os companheiros que sintam receio da mediunidade, porque a minha mediunidade realmente começou muito cedo, eu não tive oportunidade de sentir medo. Isso para mim começou em criança em minha vida e passou a fazer parte da minha existência atual.

Eu penso com aquela assertiva do nosso André Luiz, que é um mentor que nós respeitamos, se cada um de nós consertarmos de dentro o que está desajustado, tudo por fora estará certo.

Aprendi desde muito cedo a venerar Nosso Senhor Jesus Cristo, na fé que minha mãe me transmitiu desde os dois anos de idade. Um dia, tendo perguntado a ela como orientar minhas preces, minha mãe ensinou-me a considerar Jesus como Nosso Senhor e Mestre. Nas rodopias do tempo, eu fui compreendendo que Jesus é realmente o guia espiritual da humanidade perante Deus, a quem nós chamamos, segundo o ensinamento dele mesmo, de Pai nosso que está nos céus.

Nunca nos cansaremos de repetir que mediunidade é sintonia. Subamos aos cimos da virtude e do conhecimento, e a mediunidade na condição de serviço de sintonia com o Plano Divino se elevará conosco.

Aceitemos com humildade o concurso sagrado daqueles que se constituem nossos benfeitores nas esferas mais altas e estendamos aos nossos irmãos mais necessitados que nós mesmos os braços fraternos que o espiritismo envolve em bênçãos de revelações e de amor.

Quando cada um de nós se transformar em livro atuante e vivo de lições para quantos nos observam o exemplo, as fronteiras da interpretação religiosa cederão lugar à nova era de fraternidade e paz que estamos esperando.

A vitória na luta pelo bem contra o mal caberá sempre ao servidor que souber perseverar com a Lei Divina até o fim.

Somos companheiros otimistas no campo da fraternidade. Se Jesus espera no homem, com que direito deveríamos desesperar? Aguardemos o futuro triunfante no caminho da luz. A Terra é uma embarcação cósmica de vastas proporções, e não podemos olvidar que o Senhor permanece vigilante no leme.

O amor é ciência de sublimação para Deus, e a felicidade para crescer deve dividir-se. Não há ruptura de laços entre os que se amam no infinito do espaço e na eternidade do tempo. As almas afins se engrandecem constantemente repartindo suas alegrias e seus dons com a humanidade inteira, não existindo limitações para o amor, embora seja ele também a luz divina a expressar-se em graus diferentes nas variadas esferas da vida.

O amor é o clima em que as menores expressões da vida, em todos os planos, crescem nos laboratórios do tempo para a divina glorificação.

Tenho aprendido com os Benfeitores Espirituais que a paz é doação que podemos oferecer aos outros sem tê-la para nós mesmos. Isto é, será sempre importante renunciar, de boa vontade, às vantagens que nos favoreceriam em favor daqueles que nos cercam. Em razão disso, seríamos todos nós, artífices da paz, começando por garanti-las por dentro de nossas próprias casas e dos grupos sociais a que pertençamos.

Esperemos que o amor se propague no mundo com mais força que a violência, e ela desaparecerá, à maneira da treva quando a luz se lhe sobrepõe. Consideremos, porém, que essa obra, naturalmente, não prescindirá da autoridade humana, mas na essência e na prática exige a cooperação de todos.

Acreditamos que as administrações na Terra, gradativamente, estão resolvendo o problema da penúria, mas, até que o problema seja solucionado, admito seja nossa obrigação auxiliar uns aos outros para que as provações da carência sejam atenuadas.

Não vemos luta competitiva entre a Doutrina Espírita e as religiões tradicionais que zelam pela memória e pelos ensinos de Jesus. Ante o evangelho do divino mestre, a Doutrina Espírita é portadora de princípios que aclaram com segurança as lições do Cristo, sem qualquer pretensão de superioridade sobre as organizações cristãs, sempre dignas do maior respeito.

Acreditamos que o Criador nos fez ricos a todos, sem exceção, porque a riqueza autêntica, a nosso ver, procede do trabalho de todos nós de uma forma ou de outra, podemos trabalhar e servir. Quanto à felicidade, cremos que ela nasce na paz da consciência tranquila pelo dever cumprido e cresce no íntimo de cada pessoa, à medida que a pessoa procura fazer a felicidade dos outros, sem pedir felicidade para si própria.

Indubitavelmente vemos o espiritismo influenciando, não apenas no campo da arte, mas em quase todos os setores da inteligência humana.

Não acreditamos que criaturas humanas e comunidades humanas consigam ser felizes sem a ideia de Deus e sem respeito aos semelhantes.

A alma humana não pode viver sem religião. Quanto mais o materialismo cresce, mais nosso espírito tem saudade da união com Deus. Isso é nato em cada um de nós. Toda pessoa tem essa sede.

Segundo admitimos, o padrão ideal para a convivência pacífica entre as criaturas da Terra está mantido naquele inesquecível mandamento de Jesus Cristo: "Amai-vos uns aos outros, como eu vos amei." Quando este preceito for praticado, certamente usufruiremos a felicidade do Mundo Melhor com que todos sonhamos.

Creio que a importância do Evangelho de Jesus em nossa evolução espiritual é semelhante à importância do Sol na sustentação da nossa vida física.

Não há ninguém desamparado. Assim como aqui na Terra, na pior das hipóteses, renasceremos a sós, em companhia de nossa mãe, mas nunca sozinhos no mundo espiritual, também a Providência Divina ampara todos os seus filhos. Ainda aqueles, considerados os mais infelizes pelas ações, que praticaram e que entram no mundo espiritual com a mente barrada pela sombra, que eles próprios criaram em si mesmos, ainda esses têm o carinho de guardiães amorosos que os ajudam e amparam no mundo de mais luzes e mais felicidade.

Temos aprendido com os Benfeitores da Vida Maior que todos os três aspectos do espiritismo são, essencialmente, importantes, entretanto o religioso é o mais expressivo por atribuir-nos mais amplas responsabilidades de ordem moral, no trato com a vida.

Emmanuel costuma afirmar-nos que, sem religião, seríamos na Terra viajores sem bússola, incapazes de orientar-nos no rumo da elevação real.

Segundo os mensageiros da Espiritualidade Maior, nós, as criaturas terrestres de todas as idades, superaremos as crises atuais, e dizem que as transformações aflitivas do mundo moderno se verificam para o bem geral.

Nossos guias espirituais traduzem nossa insatisfação, no mundo inteiro, como sendo a ausência de Jesus Cristo em nossos corações.

Precisamos desalojar o ódio, a inveja, o ciúme, a discórdia de nós para que possamos chegar a uma solução em matéria de paz, de modo a sentirmos que "os tempos são chegados" para a felicidade humana.

Na ignorância não conseguiríamos, como não conseguiremos, enxergar o caminho real que Deus traçou a cada um de nós na Terra. Todos, sejamos crianças ou jovens, adultos ou já muitíssimo maduros, devemos estudar sempre.

A vida está repleta da beleza de Deus, e por isso não nos será lícito entregar o coração ao desespero, porque a vida vem de Deus, tal qual o sol maravilhoso nos ilumina.

Ainda sabendo que a morte vem de Deus, quando nós não a provocamos, não podemos, por enquanto, na Terra receber a morte com alegria porque ninguém recebe um adeus com felicidade, mas podemos receber a separação com fé em Deus, entendendo que um dia nos reencontraremos numa vida maior, e essa esperança deve aquecer o coração.

Acreditamos que, para que o homem atinja a perfeição, não se pode menosprezar os valores do espírito. Todos estamos formulando votos aos Poderes Divinos que governam o mundo e a humanidade, para que o homem se volte para dentro de si a fim de que, dentro dessa interiorização, venhamos a compreender que sem os valores da alma não podemos avançar muito, tão só com os valores físicos, que são praticamente transitórios.

Mas a pessoa sã, em plenitude dos seus valores físicos, pode perfeitamente estudar a própria mediunidade e ver qual o caminho que suas faculdades mediúnicas podem tomar.

Os nossos Benfeitores Espirituais nos esclarecem, frequentemente, que a Doutrina Espírita formula explicações mais lógicas e mais simples em torno dos ensinamentos de Nosso Senhor Jesus Cristo, explicações essas que encontramos com muita riqueza de minudências nas obras codificadas por Allan Kardec. Mas explicam também que todas as religiões são respeitáveis e que nossa atitude, diante de todas elas, deve ser de extrema veneração, pelo bem que elas trazem às criaturas humanas e por serem igualmente sustentáculos do bem na comunidade em nome de Deus.

Estávamos, certa vez, sob chuvas de observações e eu perguntei ao espírito de Emmanuel: – Que fazer! Dizem tanto mal... E ele respondeu: – Olha, a boca do mal na Terra é como a boca da noite. Ninguém consegue fechá-la. Vamos trabalhar, trabalhar...

Cremos que, em matéria de compreensão e experiência, todos nos assemelhamos aos frutos que o tempo vai amadurecendo pouco e pouco.

A mediunidade pode manifestar-se através da pessoa absolutamente inculta, mas os Bons Espíritos são de parecer de que todos os médiuns são chamados a estudar a fim de servirem com mais segurança.

A solidão é boa somente para refletir, porque, sem dúvida, fomos criados para viver uns com os outros.

Aprendendo com Chico

Passes – Desobsessão – Disciplina

Em 1972 escrevi ao Chico fazendo-lhe uma série de perguntas. Até hoje não consegui me perdoar por haver-lhe roubado tanto tempo, pois cada minuto daqueles pesa-me como se houvesse subtraído a humanidade.

Suas respostas, que traziam a chancela do iluminado Dr. Adolfo Bezerra de Menezes, trouxeram-me grande alívio e, para que esses ensinamentos e orientação não fiquem só comigo, creio que seja útil publicá-los, excluídos os de caráter pessoal.

1. O passe precisa ser transmitido em pé ou sentado?

Constituindo-se o passe no Grupo Espírita Evangélico, em recursos administrativos pelos Benfeitores da Vida Maior, por meio dos instrumentos humanos, a posição dos medianeiros, qualquer que seja, é sempre digna, desde que seja digna a atitude íntima desses mesmos medianeiros. Ainda assim, a postura de pé será sempre a mais recomendável pelo respeito geral que inspira.

2. Nos embaraços mensais, a mulher pode frequentar os trabalhos mediúnicos?

No caso de nossas irmãs, as mulheres, tão somente nas ocasiões de gravidez, após o terceiro mês de gestação do nascituro, devem abster-se da ação mediúnica, podendo permanecer, porém, na equipe de serviço espiritual para receberem auxílio.

3. Como saber quando o médium está preparado para sentar-se à mesa e cooperar nas tarefas em andamento?

Sempre que o trabalhador estiver sinceramente decidido a cooperar no bem dos outros, estará preparado para servir.

4. As sessões de desobsessão, mesmo com nossa falta de preparo, muitas vezes com alguns médiuns dormindo, duvidando, devem ser realizadas? Qual a necessidade de realizarmos os trabalhos nessas condições? Os espíritos se beneficiam mesmo assim?

Mesmo com a taxa de sobrecarga, fadiga, indiferença, fastio, indisposição, dúvida e sono que muitos de nossos companheiros possam demonstrar o rendimento do bem e a expansão da luz, as nossas reuniões constituem benção de intraduzível valor. Prossigamos, meus filhos, em nossas tarefas de sempre, a caminho de nossa maior integração com os ensinamentos de Jesus.

5. Há necessidade de se comentar o trecho lido antes das tarefas de desobsessão?

A leitura simples, sem comentários, de um trecho de *O Livro dos Espíritos* e de outro de *O Evangelho segundo o Espiritismo* pelo menos dez a quinze minutos antes do horário marcado para o início da reunião, é mais recomendável. Isso ajudará os integrantes da equipe a meditar com as reflexões dos desencarnados presentes, sem prejudicar o rendimento e proveito da reunião, no campo de tempo.

6. Nas sessões públicas, é necessário, enquanto se realizam os passes, alguém continuar falando, mesmo com o barulho?

Sim, ainda mesmo que os ruídos desnecessários existam e devam ser podados pouco a pouco, as explanações doutrinárias devem continuar, de vez que são elas as necessárias luzes para a renovação geral dos ouvintes.

7. Adianta alguém tomar passes no lugar do outro?

Alguém não pode substituir alguém, de maneira total, na recepção do passe, mas a mentalização do necessitado de socorro espiritual por parte de quem recebe semelhante auxílio magnético é apoio e assistência de grande valor para quem pede a intervenção da Vida Maior.

8. Como agir com as pessoas que nos procuram nas horas mais impróprias? Devemos atender a todos em qualquer hora?

Meu filho, Jesus nos abençoe. Compreendemos a extensão do seu carinho em favor de nossos irmãos necessitados, mas todo trabalho para expressar-se em eficiência e segurança reclama disciplina. Aprendamos a controlar horários de ação espiritual, a fim de que a perturbação não venha aparecer, em nossas tarefas, sob o nome de caridade. Peçamos a Jesus que nos inspire e nos abençoe para isso.

Recordações da Vida de Chico Xavier

(Palavras de Chico Xavier)

Acreditam os mestres espirituais de Chico Xavier que, ainda em nossa atual civilização, o homem poderá entrar em contato com civilizações de outros planetas?

Chico Xavier: Se não entrarmos numa guerra de extermínio nos próximos 50 anos, então nós podemos esperar realizações extraordinárias da ciência humana partindo da lua.

Então diz nosso Emmanuel, que está presente, que, quando Cristóvão Colombo perambulava pelas cortes europeias pedindo socorro para descobrir um caminho mais fácil para as Índias, muita gente considerou o programa dele como absolutamente inútil para a humanidade, que aquilo era uma despesa absolutamente inócua e que iria pesar demasiadamente no orçamento de qualquer povo, até que ele conseguisse o apoio de Fernando e Isabel, os então soberanos de Castela.

Mas nós hoje sabemos, depois de quase cinco séculos, qual a importância do feito.

Então nós não podemos acusar nossos irmãos que estão indo para a luz para pesquisas que devem ser consideradas da máxima importância para o nosso progresso futuro, porque as despesas efetuadas com isso serão naturalmente compensadas, talvez com a tranquilidade para uma sociedade mais pacífica na Terra, porque se não entrarmos, por exemplo, num conflito de proporções imensas, então na lua é possível que o homem construa as cidades de vidro, as cidades-estufas, onde cientistas possam estabelecer pontos de apoio para observação de nossa galáxia.

Essas cidades não são sonhos da ciência, essas cidades, naturalmente com muito sacrifício da humanidade terrestre, podem ser feitas e provavelmente – vamos dizer – vai-se obter azoto e oxigênio e usinas de alumínio e formações de vidro e matéria plástica na própria lua para construção desses redutos, produtos da ciência terrestre e provavelmente água fornecida pelo próprio solo lunar.

Então teremos, quem sabe, a possibilidade de entrar em contato com outras comunidades de nossa galáxia.

Vamos, definitivamente, encerrar o período bélico na evolução dos povos terrestres, porque compreenderemos que fazemos parte de uma família universal, que não somos o único mundo criado por Deus.

O próprio Jesus, a quem reverenciamos como Nosso Senhor e Mestre, disse: – Há muitas moradas em casa de meu pai. Portanto, nós precisamos prestigiar a paz dos povos, a tranquilidade de todos com o respeito de todos, com a veneração máxima pela ciência para que possamos auferir esses benefícios num futuro talvez mais próximo do que remoto, se fizermos por merecer.

Temos aprendido com os Benfeitores da Vida Maior que todos os três aspectos do espiritismo são essencialmente importantes, entretanto, o religioso é o mais expressivo por nos atribuir mais amplas responsabilidades de origem moral, no trato com a vida.

Transformar o Coração

"Quando cada um de nós transformar o próprio coração numa taça de luz, a transbordar a essência divina do amor, aí estaremos palmilhando com segurança a senda da felicidade."

Aprendendo com Chico

Homossexualismo

(Kardec Prossegue)

O homossexual deve-se aceitar ou deve lutar contra suas tendências?

– Já li, de um analista de mérito, que toda amizade e que toda ligação espiritual, do ponto de vista afetivo, é parcela de homossexualismo no homem e na mulher; mas o homossexual não poderá deixar a natureza de que é portador de um momento para outro como se ele estivesse condenado a não trabalhar, a não servir, quando nós sabemos que há tanto enfermeiro, tanto professor, tanta senhora digna que executa os deveres que lhe compete com muita eficiência e devotamento.

Agora, o homossexual em si deve evitar a pederastia; a pederastia, sim, é um problema suscitado pela ânsia do homem de experimentar sensações, mas a homossexualidade está vinculada a um processo afetivo entre os homens e mulheres do planeta, de modo que é um estado natural em que as almas se afinam para fazer o bem.

Já a pederastia é muito diferente.

Quando nós falamos do homossexual, lembramo-nos logo de quadros infelizes, mas a verdade é que a homossexualidade está em toda pessoa que tem um amigo ou que tem deveres de fraternidade, de assistência para com o próximo.

A pederastia é que é grande problema que devemos evitar e entender como sendo uma condição desnecessária e mesmo imprudente da parte de todos os homens.

E vamos dar ao assunto a cor que o assunto traz consigo: todo homem deve evitar a pederastia; toda mulher pode estar perfeitamente fora do lesbianismo, porque nossa formação nos leva sempre para o caminho do que já fomos e, às vezes, viemos para não ser mais o que já fomos e assim para aprender a considerar o que devemos ser.

Na Tarefa, a Tarefa Mediúnica

(Kardec & Chico: dois missionários)

Pergunta – Em seu primeiro encontro com Emmanuel, ele enfatizou muito a disciplina. Teria falado algo mais?

Resposta – Depois de haver salientado a disciplina como elemento indispensável a uma boa tarefa mediúnica, ele me disse: – Temos algo a realizar.

Repliquei de minha parte qual seria esse algo, e o benfeitor esclareceu: – Trinta livros pra começar!

Considerei, então: como avaliar essa informação se somos uma família sem maiores recursos, além do nosso próprio trabalho diário, e a publicação de um livro demanda tanto dinheiro!...

Já que meu pai lidava com bilhetes de loteria, eu acrescentei: – Será que meu pai vai tirar a sorte grande?

Emmanuel respondeu: – Nada, nada disso. A maior sorte grande é a do trabalho com fé viva na providência de Deus. Os livros chegarão através de caminhos inesperados!

Algum tempo depois, enviando as poesias de *Parnaso de Além-Túmulo* para um dos diretores da Federação Espírita Brasileira, tive a grata surpresa de ver o livro aceito e publicado em 1932.

A este livro seguiram-se outros, e, em 1947, atingimos a marca dos 30 livros.

Ficamos muito contentes, e perguntei ao amigo espiritual se a tarefa estava terminada. Ele então considerou sorrindo: – Agora, começaremos uma nova série de trinta volumes!

Em 1958, indaguei-lhe novamente se o trabalho finalizara.

Os 60 livros estavam publicados, e eu me encontrava quase de mudança para a cidade de Uberaba, onde cheguei a 5 de janeiro de 1959.

O grande benfeitor explicou-me, com paciência: – Você perguntou, em Pedro Leopoldo, se nossa tarefa estava completa e quero informar a você que os mentores da Vida Maior, perante os quais devo também estar disciplinado, me advertiram que nos cabe chegar ao limite de cem livros.

Fiquei muito admirado, e as tarefas prosseguiram.

Quando alcançamos o número de 100 volumes publicados, voltei a consultá-lo sobre o termo de nossos compromissos. Ele esclareceu, com bondade: – Você não deve pensar em agir e trabalhar com tanta pressa.

Agora, estou na obrigação de dizer a você que os mentores da Vida Superior, que nos orientam, expediram certa instrução que determina seja a sua atual reencarnação desapropriada, em benefício da divulgação dos princípios espíritas-cristãos, permanecendo sua existência, do ponto de vista físico, à disposição das entidades espirituais que possam colaborar na execução das mensagens e livros, enquanto seu corpo se mostre apto para nossas atividades

Muito desapontado, perguntei: – Então devo trabalhar na recepção de mensagens e livros do mundo espiritual até o fim da minha vida atual?

Emmanuel acentuou: – Sim, não temos outra alternativa!

Naturalmente, impressionado com o que ele dizia, voltei a interrogar: – E se eu não quiser, já que a Doutrina Espírita ensina que somos portadores do livre arbítrio para decidir sobre nossos próprios caminhos?

Emmanuel, então, deu um sorriso de benevolência paternal e me cientificou: – A instrução a que me refiro é semelhante a um decreto de desapropriação, quando lançado por autoridade na Terra. Se você recusar o serviço a que me reporto, segundo creio, os orientadores dessa obra de nos dedicarmos ao Cristianismo Redivivo, de certo que eles terão autoridade bastante para retirar você de seu atual corpo físico!

Quando eu ouvi sua declaração, silenciei para pensar na gravidade do assunto, e continuo trabalhando, sem a menor expectativa de interromper ou dificultar o que passei a chamar de Desígnios de Cima.

Obsessores nos Presídios

(Encontros com Chico Xavier)

O assunto girava em torno de uma visita, a um presídio na cidade de São Paulo, que um grupo de amigos havia realizado, com o Chico.

Estávamos, sábado à tarde, no Grupo Espírita da Prece, em Uberaba, e era lembrado o ocorrido...

Dizia-nos o Chico, muito feliz, que recebera calorosos abraços de, aproximadamente, quatro mil internos daquela casa de correção.

– Imagine – começou a sorrir – que, depois de receber tantos tapinhas, eu tinha as costas doloridas...

Um moço que havia participado daquele trabalho indaga:

– Chico, você viu muitos espíritos obsessores lá no presídio?

– Não! – respondeu ele. Não vi obsessores. Vi, sim, muitos benfeitores amigos, muitas mães. Já não há obsessores, não! Eles já fizeram o que queriam!...

Nós, que ouvimos aquela resposta, quedamos surpreendidos pela lógica convincente.

Qual o Homem mais Rico?

(Aprendendo com Chico Xavier)

Certa vez, um amigo abordou o intérprete de *Parnaso de Além-Túmulo* e perguntou-lhe:

– Chico, em sua opinião, qual é o homem mais rico?

Como se estivesse a ouvir a voz de Emmanuel nos escaninhos da alma, o médium respondeu:

– Para mim, o homem mais rico é o que tenha menos necessidades...

Arriscando nova pergunta, o companheiro quis saber:

– E o homem mais justo e sábio?...

Com a mesma espontaneidade, ele esclareceu:

– O homem mais justo e sábio é o que cumpre com o dever...

– Mas... – insistiu o confrade, certamente, interessado em alguma revelação que lhe facilitasse a vida – o que você está me dizendo é o óbvio...

Com o fraterno sorriso de sempre, sem se deter na tarefa de atendimento aos que lhe procuravam a palavra, Chico redarguiu:

– Meu filho, tudo que está no evangelho é o óbvio...

Não existem segredos nem mistérios para a salvação da alma. Nada mais óbvio que a verdade! Nosso problema é justamente este: queremos alcançar céu, vivendo fora do óbvio na Terra!...

Retrato da Mãe Santíssima

(Anuário Espírita, 1986)

Algum tempo após tomarmos conhecimento de um novo quadro de Maria, a Mãe de Jesus, divulgado num programa da TV Record, de São Paulo, com a presença de Francisco Cândido Xavier, procuramos esse médium amigo para colher dele maiores esclarecimentos sobre a origem do quadro.

Contou-nos, então, Chico Xavier, no final da reunião pública do Grupo Espírita da Prece, em Uberaba, na noite de 1º de dezembro de 1984, que, com vistas às homenagens do Dia das Mães de 1984, o espírito de Emmanuel ditou, por ele, um retrato falado de Maria de Nazaré ao fotógrafo Vicente Avela, de São Paulo. Esse trabalho artístico foi sendo realizado aos poucos, desde meados de 1983, com retoques sucessivos realizados pela grande habilidade de Vicente, em mais de 20 contatos com o médium mineiro, na capital paulista.

Em nossa rápida entrevista, Chico frisou que a fisionomia de Maria, assim retratada, revela tal qual Ela é conhecida quando de Suas visitas às esferas espirituais mais próximas e perturbadas da crosta terrestre; por exemplo, disse-nos ele, na Legião dos Servos de Maria, grande instituição de amparo aos suicidas descrita detalhadamente no livro *Memórias de um Suicida*, recebido mediunicamente por Yvonne A. Pereira.

E, ao final do diálogo fraterno, atendendo a nosso pedido, Chico forneceu-nos o endereço do fotógrafo-artista, para que pudéssemos entrevistá-lo oportunamente, podendo assim registrar mais algum detalhe do belo trabalho realizado.

De fato, meses após essa entrevista, tivemos o prazer de conhecer o Sr. Vicente Avela, em seu próprio ateliê, há 30 anos na capital paulista, onde nos recebeu atenciosamente.

Confirmando as informações do médium de Uberaba, ele apenas destacou que, de fato, não houve pintura, e sim um trabalho basicamente fotográfico, fruto de retoques sucessivos num retrato falado inicial, tudo sob a orientação mediúnica de Chico Xavier.

Quando o Sr. Vicente concluiu a tarefa, com a arte final em pequena foto em branco e preto, ele a aplicou bastante e coloriu-a com tinha a óleo (trabalho em que é perito, com experiência adquirida na época em que não havia filmes coloridos e as fotos em preto e branco eram coloridas à mão), dando origem à tela que foi divulgada.

Nesse encontro fraterno, também conhecemos o lindo quadro original à vista em parede de seu escritório, e ao despedirmo-nos, reconhecidos pela atenção, o parabenizamos por esse árduo e excelente trabalho, representando mais uma notícia da vida espiritual de Maria de Nazaré, que continua amparando com imenso amor maternal a humanidade inteira.

Sobre o Passe

(Aprendendo com Chico Xavier)

O tempo que se deve gastar para a aplicação de um passe magnético deve ser mais ou menos o mesmo que utilizamos para fazer uma prece, o "Pai-Nosso". Essa foi a resposta dada pelo Chico a uma interpelação feita pelo confrade Dr. Olavo Escobar. E eu, preocupado com certos ângulos do assunto, procurei-o, igualmente, expondo-lhe minhas dúvidas:

– Chico, não entendo a razão de determinadas explicações de alguns confrades que dividem o passe em "passes magnéticos", "passes espirituais" e outras modalidades desse tratamento fluídico. Ouvindo-me, atencioso, explicou:

– Quando estender as mãos sobre a cabeça do paciente, movimentando-as de alto a baixo, não precisa se preocupar.

– O que for preciso, os espíritos farão.

Retomou o Chico seu trabalho de autografar, de pé, os livros que lhe eram apresentados, eu, então, lembrei-me do que Alexandre havia dito a André Luiz quando este lhe indagou se todos, com maior ou menor intensidade, poderiam prestar concurso fraterno no passe. Alexandre respondeu-lhe que, revelada a disposição fiel de cooperar a serviço do próximo, por esse ou aquele trabalhador, as autoridades do plano espiritual designam entidades sábias e benevolentes que orientam, indiretamente, o neófito, utilizando-lhe a boa vontade e enriquecendo-lhe o próprio valor...

– É isso mesmo! Tão breve explicação valeu-me, todavia, a fim de tranquilizar-me o bastante para não continuar perguntando...

Uma Orientação de Emmanuel

(Flama Espírita)

Conversando com o nosso Chico sobre os problemas administrativos de uma instituição espírita, quando, não raro, estamos mais interessados em disputar cargos do que assumir encargos, fazendo prevalecer o nosso ponto de vista, e não o ponto de vista doutrinário, ele nos transmitiu uma preciosa orientação de Emmanuel:

– Diz o nosso Emmanuel que, numa diretoria composta de três elementos, que é o mínimo exigido por lei, em qualquer reunião administrativa que se promova, um deles tem que estar viajando e outro impedido de comparecer.

Assim a obra segue para frente, porque existe POUCA CONVERSA E MUITO TRABALHO.

Refletindo na orientação do estimado Benfeitor Espiritual, concluímos que, de fato, ele está com a razão, porquanto muitas reuniões de diretoria acabam numa polêmica infindável, adiando decisões importantes para futuras reuniões, quando não estabelecem um clima de permanente animosidade entre os elementos do grupo.

A sábia orientação de Emmanuel faz-nos recordar ainda uma sua pequena mensagem psicografada pelo Chico intitulada "Ação Pronta", inserida no *Livro de Respostas*, que tem inspirado o trabalho de muitos confrades, incentivando-os a transformar teoria em ação. Ei-la:

"Se a ideia relativa a algum bem por fazer saltou do silêncio para a tua cabeça, não perguntes, demasiadamente, aos outros, sobre a maneira de executá-la.

Comece a trabalhar e o teu próprio serviço trará os companheiros que colaborarão contigo, auxiliando-te a pensar no melhor a ser feito."

Infelizmente, são muitos os planos que não saem do papel e outros que não se concretizam por culpa dos "perfeccionistas", aqueles que estão sempre inventariando dificuldades de forma minuciosa e apontando falhas que não se dispõem a sanar, porque ainda não aprenderam o simples ato de "arregaçar as mangas."

A orientação de Emmanuel não fere o princípio de autoridades que deve vigiar portas adentro, nas nossas instituições, e não é um convite à rebeldia administrativa. É um alerta para que sejamos mais práticos e objetivos, como objetiva e prática é a Doutrina Espírita, não permitindo que a excessiva formalidade anule as nossas ações espontâneas no Bem.

Conhecemos companheiros que são vítimas da inveja de outros que não fazem e não deixam fazer, são adeptos dos conhecidos chavões: "Não vai dar certo..."; "Isso é perigoso"; "Vamos aguardar"; "Você não tem a experiência necessária"; "Eu não entro nessa"; e por aí afora...

Os que ocupam cargos em diretoria necessitam ter discernimento, a fim de que não se façam "pedras de tropeço" para a obra. Foi por isso que Jesus disse que quem quiser ser o maior no Reino dos Céus seja, na Terra, o servidor de todos. Ele mesmo, cingindo-se com uma toalha, lavou os pés dos discípulos.

Quem ocupa qualquer cargo diretivo no espiritismo precisa ainda ter humildade, fazendo-se respeitado pelo exemplo, e não pela autoridade que o cargo lhe confere.

Aí está a liderança natural de Chico Xavier, liderança conquistada em 61 anos de abnegação e renúncia.

Considerando-se o último dos servos de Jesus, a sua vida é um roteiro de bênçãos para quantos desejam acertar mais e errar menos, extirpando d'alma os antigos inquilinos conhecidos pelos nomes de "personalismo", "vaidade", "ambição", "orgulho"...

Não é ao título de presidente ou de médium que devemos aspirar numa instituição, mas sim ao de servidor!

Analisemos em profundidade a orientação de Emmanuel, verificando se ela não se aplicará a nós ou à instituição, que, por mercê do Senhor, permanece só a nossa diretriz.

Visitas

(Lições de Sabedoria)

Ele entra na casa humilde.

Uma mãe com quatro filhos retardados, todos eles sofrendo de paralisia. Ela disse: – Chico, está tudo ruim, a vida anda difícil.

Chico Xavier aponta para um quinto filho, este adotivo da mulher:

– Olha que lindos olhos tem esse menino. Como é inteligente e é seu amigo. Vamos pensar em coisa boa, gente. E maré baixa ou maré alta, vamos com Deus.

Duas ou três casas adiante, Chico Xavier e seus caravaneiros entram numa casa de pau a pique, chão de terra batida. A mulher recebe um rancho de mantimentos, dois travesseiros e um cobertor, mas nem isso a alegra e passa a lastimar-se das adversidades do dia a dia.

O otimismo do médium é contagiante:

– A irmã conhece a estória daquele pedaço de barro que exala doce perfume?

Um dia, tendo alguém perguntado a razão de tanta fragrância, ele respondeu: – É que durante certo tempo fui chão num depósito de rosas.

Alegrando aqui, consolando ali, espalhando esperanças na maioria, a visitação estendeu-se por toda a manhã.

A alegria e o encantamento de todos com a simples passagem de Chico Xavier fazia emergir-lhe à mente o simbolismo da música "A banda", de Chico Buarque de Hollanda.

Evolução Lenta

Em 1952, quando Chico psicografava o livro *Ave Cristo*, certa noite visitou-o um espírito que viveu na época de Moisés.

Tentou conversar com o Chico mentalmente, mas este olhou para Emmanuel e disse: – Não entendi nada do que ele quis me dizer. Então o bondoso guia explicou-lhe: – Ele está dizendo que não vem à terra aproximadamente há 4.000 anos. Que achou as construções um pouco diferentes, mas que a evolução moral foi muito pequena.

Dúvidas na Psicografia

(Encontros com Chico Xavier)

Conhecida médium de uma cidade vizinha estava com problemas, com dúvidas, em sua mediunidade. Era a respeito da veracidade das mensagens que recebia pela psicografia.

– Eu queria contar minha experiência ao Chico – dizia ela, quando outra companheira que caminhava junto a nós interrompeu, aditando: – Para quê escrever mais? Não há mais nada para escrever! O que precisava Chico já fez. Não entendo como ainda existe gente que queira psicografar! Acho que, em vez disso, deveriam procurar fazer outra coisa!...

Ouvindo essas palavras, desestimuladas, entristeceu-se a irmã médium.

– Não deixe de falar com o Chico, contar o seu caso, a sua dúvida – disse-lhe eu.

E assim ela o fez, obtendo a seguinte orientação: – Não!... Não pare com os exercícios. Continue... Não desanime! Estude bastante e participe de um grupo sério. Aconselhou-a a pegar as páginas produzidas pela sua mediunidade e mostrá-las aos companheiros de ideal, principalmente aos mais "bravos":

– Mostre-as àqueles que vão dizer que isto é seu, que é da sua cabeça, que não é dos espíritos, nada – considerou Chico, esclarecendo ainda: – A opinião desses irmãos ajuda muito!

Estimulada pelas palavras do Chico, aquela confreira sorriu desafogada. Nós procuramos guardar essa informação que julgamos útil aos médiuns desejosos de servir com Jesus.

Dívida e Resgate

(Chico, de Francisco)

Uma das cunhadas do Chico teve um filho anormal. Braços e pernas atrofiados. Os olhos, cobertos por uma espessa névoa, mantinham-no mergulhado na mais completa escuridão. Inspirava medo às pessoas que o viam. Era tão deformado que a mãe, ao vê-lo, teve um choque e foi internada num hospital de doentes mentais.

O Chico ficou sozinho com o sobrinho.

Cuidar dele não era fácil. Medicá-lo, banhá-lo e aplicar-lhe um clister diariamente. O menino não deglutia, e para alimentá-lo Chico tinha que formar uma pequena bola com a comida, coloca-

-lhe na garganta e empurrar com o dedo. Isso durante onze anos, aproximadamente.

Quando o sobrinho piorava, Chico rezava muito para que o menino não desencarnasse. Já o amava como um filho.

Um dia o Espírito de Emmanuel lhe disse: — Ele só vai desencarnar quando o pulmão começar a desenvolver e não encontrar espaço. Aí, então, qualquer resfriado pode se transformar numa pneumonia e ele partirá.

Quando estava próximo dos doze anos, foi acometido de uma forte gripe e começou a definhar. Na hora do desencarne, seus olhos voltaram a enxergar. Ele olhou para o Chico e procurou traduzir toda a sua gratidão naquele olhar.

Emmanuel, presente, explicou: – Graças a Deus. É a primeira vez, depois de cento e cinquenta anos, que seus olhos voltam para a luz. Suas dívidas do passado foram aniquiladas. Louvado seja Jesus.

Cura e Tratamento

(Momentos com Chico Xavier)

Há mais de vinte anos Chico contou-me este caso; a época é antiga. A lição, ainda hoje, é atual:

Em 1931, ele começou a sentir sintomas de grave moléstia ocular. Apesar de tratamento com oftalmologista amigo durante alguns anos, certo dia seu olho sangrava e doía tanto que ele resolveu perguntar ao espírito Emmanuel: – Será que o senhor não podia pedir ao Dr. Bezerra ou a algum benfeitor espiritual que me curasse o olho?

Emmanuel respondeu no estilo sóbrio de sempre: – Continue tratando com o médico amigo e sofra com paciência e resignação, porque este seu caso não tem cura e não posso fazer nada por você nesse sentido.

– Mas se o senhor, que é o meu protetor, está dizendo que não tem cura, que não pode fazer nada por mim, como é que vou continuar trabalhando?

O iluminado espírito completou sereno: – Eu disse que não tem cura, não que não tem tratamento.

Desde então, até hoje, Chico trata religiosamente do olho doente, colocando remédios várias vezes por dia.

A Doutrina é de Paz

(Carlos Baccelli)

Em uma das últimas reuniões de sexta-feira a que compareceu no Grupo Espírita da Prece, ouvimos Chico comentar com alguns amigos de São Paulo: – A doutrina é de paz... Emmanuel tem me ensinado a não perder tempo discutindo.

Tudo passa...

As pessoas pensam o que querem a meu respeito – pensam e falam. Estou apenas tentando cumprir com meu dever de médium.

Companheiros escrevem fazendo insinuações em torno da obra dos espíritos por meu intermédio...

O que posso fazer?

Estamos numa doutrina de livre opinião.

Devo prosseguir trabalhando. Meu compromisso é com os espíritos...

Não pretendo ser líder de nada.

Estou consciente de que tenho procurado fazer o melhor e sou grato aos nossos Benfeitores por não me terem permitido uma vida inútil.

Um dia, vamos compreender a necessidade de uma união mais profunda – quando nos sentirmos ameaçados pelas religiões intolerantes, que estão crescendo muito.

Aceitação

(Busca e Acharás)

Já era madrugada quando a sessão terminou, e a multidão continuava cercando o Chico, enquanto ele caminhava com dificuldade em direção ao carro.

Uns perguntavam sobre parentes desencarnados, outros pediam-lhe autógrafos, outros beijavam-lhe as mãos, outros o rosto, muitos entregavam-lhe cartas, mães traziam-lhe os filhinhos para que ele os tocasse.

Quando conseguimos colocá-lo no carro, perguntei-lhe:

– Chico, como é possível ter tanta paz em meio a tanto tumulto?

– Aceitação.

Chico e a Igreja

(A Flama Espírita - agosto do ano 2000)

Contou-nos o Prof. Lauro Pastor, residente em Campinas, amigo de Chico Xavier desde Pedro Leopoldo, que, certa vez, ao visitá-lo, caminhando em sua companhia pelas ruas da cidade, depararam-se com uma procissão... A igreja-matriz de Pedro Leopoldo ficava, como fica, na mesma rua onde se ergueu o Centro Espírita "Luiz

Gonzaga"; à época, os católicos organizavam algumas procissões ditas de desagravo contra os espíritas...

Observando que a procissão, com diversos acompanhantes e andores, aproximava-se, o Prof. Lauro sugeriu a Chico que apressassem o passo, pois, caso contrário, não poderiam depois atravessar a rua – a menos que cortassem a procissão pelo meio, o que seria uma afronta.

Pedindo ao amigo que não se preocupasse, Chico parou na esquina e, enquanto a procissão seguia o seu roteiro, manteve-se o tempo todo em atitude de respeito e de oração, ainda convidando o amigo para que ambos se descobrissem, ou seja, tirassem o chapéu – sim, portanto, naqueles idos de 1950, Chico também usava chapéu. * * *

O Prof. Lauro, que mantém ao lado da esposa, D. Daisy, um belíssimo trabalho de formação profissional para crianças carentes – tem uma escola de torneiros mecânicos –, disse-nos que nunca mais pôde esquecer aquela lição de tolerância religiosa que lhe foi dada por Chico, enfatizando ainda que foi dessa maneira que, aos poucos, o médium venceu a resistência de seus opositores da doutrina.

A narrativa daquele senhor me fez recordar outro episódio digno de nota. Minha avó materna, D. Rola, como era carinhosamente conhecida por todos, havia desencarnado. Comparecendo ao enterro, conduzido por um táxi, quando o féretro parou na igreja de São Benedito para que, segundo a tradição católica, o vigário lhe encomendasse a alma, Chico apeou e entrou na igreja. Eu, neto, espírita convicto, que estava lá fora, sem querer entrar, até um tanto constrangido com aquela situação, não tive alternativa – afinal, como ser mais realista do que o rei, não é?...

Exemplos de Chico Xavier que, nem sempre, em nossa atual condição evolutiva, temos de assimilar; fazemos da religião uma paixão clubística, sem atinarmos que Jesus não hesitava, inclusive, de comparecer às sinagogas dos judeus, sem significar, todavia, que lhes endossasse a ritualística em que, "a pretexto de longas orações, devoravam as casas das viúvas".

Chico, o Amigo dos Animais

(Chico Xavier Mediunidade e Ação)

Todos aqueles que conhecem a vida de Chico Xavier vêm observando, ao longo do tempo, o seu grande amor pelos animais.

Em sua casa, tinha dois cachorrinhos da raça pequinês, chamados Brinquinho e Fofa. Brinquinho, apesar de encontrar-se cego e doente, acompanhava Chico em todos os seus movimentos dentro de casa. Enquanto o médium trabalhava psicografando páginas e mais páginas dos Amigos Espirituais, Brinquinho permanecia debaixo da mesa, aos pés do dono, como se estivesse orando...

À chegada de alguém, ele latia ou aproximava-se mais de seu benfeitor, no intuito de protegê-lo; Brinquinho só faltava falar, pois Chico conversava muito com ele, e o mais espantoso é que Brinquinho compreendia tudo e respondia a seu modo.

No dia 12 de outubro, quando comemorávamos o Dia da Criança, o cachorro partiu para o Mundo Espiritual.

Apesar de não se queixar, percebemos a dor do Chico com a separação transitória do "grande amigo", como ele se referia sempre ao cachorrinho.

O amigo dos animais o enterrou no quintal de sua casa, bem próximo de seu quarto. Chico contou-nos um lindo fato sobre Brinquinho, evidenciando que este era um cachorro diferente.

Em certa época, havia em sua casa uma gata que tinha dado à luz muitos gatinhos. Eles, porém, eram muito pequeninos e tinham muita dificuldade de aproximarem-se da mãe, para mamar. Brinquinho, então, conduzia-os ternamente, com a boca, até a "mamãe-gata", da mesma forma que ela procedia para carregá-los...

Ao recordar-se do amigo, os olhos de Chico brilhavam pelas lágrimas de saudades!

Fofa, a outra cachorrinha, que permanece ao lado do médium, também sentiu muita falta de Branquinha, e a cada dia se apega mais ao seu grande protetor...

E, muitas vezes, ao distanciar-se dele, ela o chama, num som bem nítido: "Chi... Chi..."

Outro lado interessante do amor de Chico pelos animais é o que acontece quando ele vai a Goiânia, às vésperas do Natal, visitar os irmãos hansenianos na Colônia Santa Marta.

Como mensageiro da esperança, sua presença é o melhor presente de Natal, como dizem os próprios doentes.

Mas a chegada de Chico à Colônia é precedida de grande inquietação, não somente por parte dos amigos que lá residem, mas, sobretudo, por um cão...

Contam alguns amigos goianienses que esse cachorro tinha uma doença na pele e estava destinado a ser sacrificado...

Ao ver o cachorro na Colônia, Chico aproximou-se, ajoelhou e abraçou-o. Desde então, ele se curou. Chico deu-lhe o nome de Menino.

Menino parece pressentir quando o amigo está para chegar, pois fica todo agitado, ganindo muito. Quando o carro que conduz Chico estaciona, Menino tenta soltar-se da coleira para ir ao seu encontro.

Este, que era um cão feroz, devido à erupção na pele, agora é dócil, principalmente com seu grande amigo de Uberaba.

Os animais têm alma, e Chico é sensível a essa realidade, auscultando-lhes o psiquismo, e, em sua vida de renúncia, eles lhe valem por grandes companheiros em suas horas de solidão.

Página extraída do livro Chico Xavier: Mediunidade e Ação, escrito por Carlos Antônio Baccelli, de Uberaba, e que nos foi enviado, com outras belas obras, pelo Instituto Divulgação Editora André Luiz, Rua Lacônia, 101, Jardim Brasil, CEP 04634-050, São Paulo-SP, a quem agradecemos à gentileza de uma convivência fraterna, de mais de duas décadas.

Mensagem de Francisco de Assis

Conferências no Brasil)

O Calvário do Mestre não se constituía tão somente de secura e aspereza...

Do monte pedregoso e triste jorravam fontes de água viva que dessedentaram a alma dos séculos.

E as flores que desabrochavam no entendimento do ladrão e na angústia das mulheres de Jerusalém atravessaram o tempo, transformando-se em frutos abençoados de alegria no celeiro das nações.

Colhe as rosas do caminho no espinheiro dos testemunhos...

Entesoura as moedas invisíveis do amor no templo do coração...

Retempera o ânimo varonil, em contato com o rocio divino da gratidão e da bondade!...

Entretanto, não te detenhas. Caminha!

É necessário ascender.

Indispensável o roteiro da elevação, com o sacrifício pessoal por norma de todos os instantes.

Lembra-te, Ele era sozinho! Sozinho anunciou e sozinho sofreu. Mas erguido, em plena solidão, no madeiro doloroso por devotamento à humanidade, converteu-se em eterna ressurreição.

Não temos outra diretriz senão a de sempre:

Descer auxiliando para subir com a exaltação do Senhor.

Dar tudo para receber com abundância.

Nada pedir para nosso "eu" exclusivista, a fim de que possamos encontrar o glorioso NÓS da vida imortal.

Ser a concórdia para a separação.

Ser luz para as sombras, fraternidade para a destruição, ternura para o ódio, humildade para o orgulho, bênção para a maldição.

Ame sempre.

É pela graça do amor que o Mestre persiste conosco, os mendigos dos milênios derramando a claridade sublime do perdão celeste onde criamos o inferno do mal e do sofrimento.

Quando o silêncio se fizer mais pesado ao redor de teus passos, aguça os ouvidos e escuta.

A voz d'Ele ressoará de novo na acústica de tua alma, e as grandes palavras, que os séculos não apagaram, voltarão mais nítidas ao círculo de tua esperança, para que tuas feridas se convertam em rosas e para que o teu cansaço se transubstancie em triunfo.

O rebanho aflito e atormentado clama por refúgio e segurança.

Que será da antiga Jerusalém humana sem o bordão providencial do pastor que espreita os movimentos do céu para a defesa do aprisco?

É necessário que o lume da cruz se reacenda, que o clarão da verdade fulgure novamente, que os rumos da libertação decisiva sejam traçados.

A inteligência sem amor é o gênio infernal que arrasta os povos de agora às correntes escuras e terrificantes do abismo.

O cérebro sublimado não encontra socorro no coração embrutecido.

A cultura transviada da época em que jornadeamos, relegada à aflição, ameaça todos os serviços da Boa Nova, em seus mais íntimos fundamentos.

Pavorosas ruínas fumegarão, por certo, sobre os palácios faustosos da humana grandeza, carente de humanidade, e o vento frio da desilusão soprará, de rijo, sobre castelos mortos da dominação que, desvairada, se exibe sem cogitar dos interesses imperecíveis e supremos do espírito. É imprescindível a ascensão.

A luz verdadeira procede do mais alto, e só aquele que se instala no plano superior, ainda mesmo coberto de chagas e roído de vermes, pode, com razão, aclarar a senda redentora que as gerações enganadas esqueceram. Refaz as energias exauridas e volta ao lar de nossa comunhão e de nossos pensamentos.

O trabalhador fiel persevera na luta santificante até o fim.

O farol no oceano irado é sempre uma estrela em solidão. Ilumina a estrada, buscando a lâmpada do mestre que jamais nos faltou.

Avança.... Avancemos...

Cristo em nós, conosco, por nós e em nosso favor é o cristianismo que precisamos reviver à frente das tempestades, de cujas trevas nascerá o esplendor do Terceiro Milênio.

Certamente, o apostolado é tudo. A tarefa transcende o quadro de nossa compreensão.

Não exijamos esclarecimentos.

Procuremos servir.

Cabe-nos apenas obedecer até que a glória d'Ele se entronize para sempre na alma flagelada do mundo.

Segue, pois, o amargurado caminho da paixão pelo bem divino, confiando-te ao suor incessante pela vitória final.

O Evangelho é nosso código eterno.

Jesus é nosso Mestre imperecível.

Agora é ainda a noite que se rasga em trovões e sombras, amedrontando, vergastando, torturando, destruindo...

Todavia, Cristo reina, e amanhã contemplaremos o celeste despertar.

Esta mensagem foi psicografada por Francisco Cândido Xavier dirigida a Pietro Ubaldi, em 17 de agosto de 1951, na residência do Dr. Rômulo Joviano, em Pedro Leopoldo-MG, na presença de 12 pessoas, ao mesmo tempo em que, sentado à mesma mesa, Pietro Ubaldi recebia mais uma mensagem canalizada de Jesus Cristo.

Saudades de Jesus

(Momentos com Chico Xavier)

Estávamos na residência do Chico. Seu estado de saúde não lhe permitia deslocar-se até o Centro. A multidão se comprimia lá na rua em frente. Quando o portão se abriu, a fila de pessoas tinha alguns quarteirões, e foram passando uma a uma em frente ao Chico. Pessoas de todas as idades, de todas as condições sociais e dos mais distantes lugares do país. Algumas diziam:

– Eu só queria tocá-lo.

– Meu maior sonho era conhecê-lo.

– Só queria ouvir sua voz e apertar sua mão.

Uns queriam notícias de familiares desencarnados, espantar uma ideia de suicídio, outros nada diziam, nada pediam, só conseguiam chorar. Com uma simples palavra do Chico, seus semblantes se transfiguravam, saíam sorridentes.

Ao ver as pessoas ansiosas para tocá-lo, a interminável fila, a maneira como ele atendia a todos, fiquei pensando: "Meu Deus, a aura do Chico é tão boa... seu magnetismo é tão grande que parece que pulveriza nossas dores e ameniza nossas ansiedades."

De repente, ele se volta para mim e diz: – Comove-me a bondade de nossa gente em vir visitar-me. Não tenho mais nada para dar. Estou quase morto. Por que você acha que eles vêm?

Perguntou-me e ficou esperando a resposta.

Aí, pensei: "Meu Deus, frente a um homem desses, a gente não pode mentir nem dizer qualquer coisa que possa vir ofender a sua humildade (embora ele sempre diga que nunca se considerou humilde)."

Comecei então a pensar que, quando Jesus esteve conosco, onde quer que aparecesse, a multidão o cercava. Eram pessoas de todas as idades, de todas as classes sociais e dos mais distantes lugares. Muitos iam esperá-lo nas estradas, nas aldeias ou nas casas onde Ele se hospedava. Tanto que Pedro lhe disse certa vez: – Bem, vês que a multidão te comprime.

Zaqueu chegou a subir numa árvore somente para vê-lo. Ver, tocar, ouvir era só o que queriam as pessoas.

Tudo isso passou pela minha cabeça com a rapidez de um relâmpago. E como ele continuava olhando para mim esperando a resposta, animei-me a dizer: – Chico, acho que eles estão com saudades de Jesus.

Palavras tiradas do fundo do coração. Penso que elas não ofenderam sua modéstia.

A multidão continuou desfilando. Todos lhe beijavam a mão, e ele beijava a mão de todos.

Lá pelas tantas da noite, quando a fila havia diminuído sensivelmente, percebi que seus lábios estavam sangrando. Ele havia beijado a mão de centenas de pessoas.

Fiquei com tanta pena daquele homem, nos seus 88 anos, mais de 70 dedicados ao atendimento de pessoas, que me atrevi a lhe perguntar:

– Por que você beija a mão deles?

A humildade de sua resposta continuará emocionando-me sempre: – Porque não posso me curvar para beijar-lhes os pés.

Definição do Brasil

(Mensagem psicografa por Francisco Cândido Xavier, em Uberaba, MG, na tarde de 18/08/1971, para a reportagem da revista O Cruzeiro, do Rio de Janeiro, da qual – edição de 01/09/1971, pág. 25)

Achamo-nos todos à frente do Brasil, nele contemplando a civilização cristã, em seu desdobramento profundo. Nele, os ensinamentos de Jesus encontram clima adequado à vivência precisa.

Em verdade, testemunhamos todos, na atualidade da Terra, a expansão da angústia por falta de apoio espiritual às novas gerações, chamadas pela ciência à contemplação do universo.

Agigantou-se o raciocínio da humanidade, imperioso se lhe alteie também o sentimento às elevadas esferas em que se lhe paira hoje o cérebro, no domínio das estrelas.

Embora nos reconheçamos necessitados da fé raciocinada com o discernimento da Doutrina Espírita, é forçoso observar que não é a queda dos símbolos religiosos aquilo de que mais carecemos para estabelecer a tranquilidade e a segurança entre as criaturas, mas sim a nova versão deles, porquanto sem a religião orientando a inteligência cairíamos todos nas trevas da irresponsabilidade, com o esforço de milênios volvendo talvez à estaca zero, do ponto de vista da organização material da vida no Planeta.

Empreendemos todos que, na oculta dinâmica das galáxias, das estrelas fixas, do espaço curvo, da rotação da Terra, das ondas elétricas, das ciências psicológicas que presentemente se entregam a laboriosos trabalhos de definição do homem nas suas mais íntimas estruturas, Deus – ou a sabedoria onipresente do universo – por seus mensageiros fala ao mundo uma nova linguagem.

Se o Brasil puder conservar-se na ordem e na dignidade, na justiça e no devotamento ao progresso que lhe caracterizam os dirigentes, mantendo o trabalho e a fraternidade, a cultura e a compreensão de sempre para resolver os problemas da comunidade e com o devido respeito à personalidade humana e com o devido acatamento aos outros povos, decerto que cumprirá os seus altos destinos de pátria do Evangelho, na qual a religião e a ciência, enfim unidas, far-se-ão as bases naturais da felicidade comum por meio da prática dos ensinamentos vivos de Jesus Cristo.

Homenagem a Chico Xavier

(Chico Xavier: Fonte de Luz e Bênçãos)

Epopéias da luz na terra
Milênios de obscuridades!
Surtos e ensaios da luz...
Moisés chegar em leis traduz
Os anseios do senhor
Na revelação primeira!
Surgem novos emissários...
E, escoados séculos vários,
Cristo traz a lei de amor!

O mundo de novo em trevas...
Há decisões nas alturas,
Em favor das criaturas
Aflitas e sofredoras
Do planeta em transição! Kardec revive Jesus,
Na França – berço da luz
Das verdades promissoras!

Estava a revelação
Firmemente alicerçada...
Seria agora transportada
A árvore da grande luz
Por diretrizes divinas
Para a pátrio do cruzeiro.
O sublimado luzeiro

Das promessas de Jesus!

Por arauto da verdade,
Desce cândida figura.
Anjo em forma de criatura
Para alçar a humanidade...
Vem para a expansão da luz
Tudo como foi previsto,
Pelo enviado do Cristo,
O espírito de verdade!

Francisco de Paula Cândido!
Francisco – lembra o de Assis
Paula – o santo de Paris,
O Vicente da pobreza!
Eis nosso Chico Xavier!
Do alto fiel emissário,
Faz-se ele o missionário
Do amor em toda a pureza!

Chico: Deus te abençoe a vida!
De renúncia e amor profundo,
No trabalho mais fecundo
Que nos novos tempos houve!
Tua exemplificação,
Lágrimas e suor vertidos
Pelos pobres e oprimidos...
Por tudo isso: Deus te louve!
Milênios passarão
Ninguém acreditará

Que o mais puro cristão
Nesta terra ainda habitará...

Simples Homenagem a Eurípedes Barsanulfo

(Eurípedes Barsanulfo, o Apóstolo de Sacramento)

Missionário do mais puro amor, Eurípedes mostrou-nos que o serviço de Jesus é infinito. Na sua órbita há lugar para todas as criaturas e para todas as ideias sadias em sua expressão substancial.

Já que a criatura que vem à Terra é um recado do Pai em forma de compromisso, Eurípedes assumiu compromisso maior ao receber do Supremo Senhor o dom de servir num ministério essencialmente divino.

Ainda mesmo que premido por todas as dificuldades, tais como carência de ordem financeira, perseguições, calúnias, difamações, processos criminais, Eurípedes colocou o exercício da mediunidade bem acima dos eventos efêmeros e limitados que varrem constantemente os panoramas sociais e religiosos da Terra. Seguiu e serviu, sem olhar para trás, sem vacilações no consolo e no esclarecimento dos sofredores, tanto no corpo físico como no extrafísico, olvidando as pedradas e os espinhos nos vales em que chafurdam os detratores da doutrina.

Atacado por autoridade de outra religião, chamado para um debate público, ali comparece, vence a batalha, e reverência o irmão do outro credo religioso. Silenciou, em lágrimas, naquele momento por sentir que aquele irmão estava aprisionado aos caprichos da natureza orgulhosa.

Criou em torno de tudo e de todos, inclusive das plantas e dos animais e mais ainda dos sofredores, uma atmosfera da mais bela confiança, produto de uma fé que transporta montanhas. Mitigando as dores, sofrimentos morais, seguia os ensinamentos codificados pelo Consolador Prometido, na luz do Evangelho de Nosso Senhor, através da porta estreita da mais sublime renúncia.

Nas crianças ele via os homens do futuro, tanto que as chamava de senhor e senhora. Sua missão era também amparar a futura geração, e assim o fez com doutor Thomas, Sinhazinha, Jerônimo Gomide, Bráulio, os queridos sobrinhos, alunos e milhares de pessoas, ontem crianças, hoje, em sua maioria, no Plano Espiritual ou reencarnados na condição de crianças evangelizadas.

Viu na parentela, aqueles que lhe comungariam além das teias da consanguinidade, a responsabilidade de manter seu exemplo na conduta de brilhante missão. Eurípedes sabia que nossa família é a humanidade toda, mas o compromisso maior é com a parentela.

Professor na escola da vida, respeitava os companheiros de jornada como um escravo diante de seu senhor, com simplicidade, humildade e espírito de colaboração, pois entendia que todos são alunos da mesma escola de Jesus.

A esse espírito iluminado, servo magnífico de Nosso Senhor, que nos honrou e abençoou com sua passagem pela Terra, o nosso pedido de perdão por sermos incapazes de traduzir em palavras o seu belo exemplo, pois mesmo que escrevêssemos mil páginas ainda seria pouco em comparação à vida e obra de Eurípedes Barsanulfo, o Apóstolo de Sacramento.

Certa feita, na casa de nosso querido Chico Xavier, por ele nos foi dito que "falar de Eurípedes Eurípedes Barsanulfo é o mesmo que falar de Nosso Senhor Jesus Cristo."

Tributo a Dr. Bezerra de Menezes

(Brasil, Coração do Mundo, Pátria do Evangelho)

Sem a presença de Dr. Bezerra, toda obra espírita que se pretenda produzir valor algum terá.

No Plano Espiritual, diante de assembleia presidida por Ismael, protetor do Brasil, que se dirige a Dr. Bezerra e assim se expressa: – Descerás às lutas terrestres, com o objetivo de concentrar nossas energias no País do Cruzeiro, dirigindo-as para o alto sagrado dos nossos esforços. Arregimentarás todos os elementos dispersos com as dedicações do teu espírito; a fim de que possamos criar nosso núcleo de atividades espirituais, dentro dos elevados propósitos de reforma e regeneração.

Nasce em Riacho de Sangue, Ceará, no dia 29 de agosto de 1831, nosso médico dos pobres, Kardec brasileiro.

A personalidade de Dr. Bezerra pode ser revista e traçada por Hilário Silva, psicografia de Chico Xavier, nos conta sob o título *Não Perdoar*, demonstra a atmosfera de caridade de Dr. Bezerra, fato ocorrido entre Quintino Bocaiúva, Dr. Bezerra e um serviçal.

Dr. Bezerra almoçava com Quintino quando, no meio da conversa, aproxima-se de ambos um serviçal dizendo que o rapaz do acidente e um policial estavam ali na casa.

Quintino, em seu gabinete de trabalho, fora surpreendido com um tiro de raspão, disparado acidentalmente por outro serviçal da casa.

Ao que disse Quintino: – Mande-os entrar.

– Doutor – roga o moço preso, em lágrimas –, perdoe meu erro! Sou pai de dois filhos... Compadeça-se! Não tinha qualquer intenção... se o senhor me processar, que será de mim? Sua desculpa me livrará! Prometo não mais brincar com armas de fogo! Mudarei deste bairro, não incomodarei o senhor...

O notável político, cioso da própria tranquilidade, respondeu: – De modo algum. Mesmo que o seu ato tenha sido de mera imprudência, não ficará sem punição.

Notando que Bezerra se sentia mal, responde: – Bezerra, eu não perdoo, definitivamente não perdoo...

O amigo exclamou, desapontado: – Ah! Você não perdoa!

Quintino, irritado, fala: – Não perdoo o erro. E você acha que estou fora do meu direito?

Dr. Bezerra cruzou os braços com humildade e respondeu: – Meu amigo, você tem plenamente o direito de não perdoar, contanto que você nunca mais erre. A observação penetrou Quintino como um raio.

Este tomou um lenço, enxugou o suor que lhe caia no rosto, e disse ao policial: – Solte o homem. O caso está liquidado. Volta ao serviçal e diz-lhe: – Volte ao serviço hoje mesmo, e ajude na copa.

Mediunidade e Você

(Livro: Paz e Renovação)

INTUIÇÃO – Exerça a faculdade de percepção clara e imediata, mas, para ampliar-lhe a área de ação, procure alimentar bons pensamentos de maneira constante.

CLARIVIDÊNCIA – Agradeça a possibilidade de ver no Plano Espiritual; no entanto, no esforço do dia a dia, detenha-se no lado bom das situações e das pessoas, para que seus recursos não se comprometam com o mal.

CLARIAUDIÊNCIA – Regozije-se por escutar os desencarnados; todavia aprenda a ouvir no cotidiano para construir a felicidade do próximo, defendendo-se contra a queda nas armadilhas da sombra.

PSICOFONIA – Empreste suas forças para que os espíritos falem com os homens, contudo, na experiência comum, selecione palavras e maneiras, a fim de que o seu verbo não se faça veículo para a influência das trevas.

PSICOGRAFIA – Escreva com as entidades domiciliadas fora do mundo físico, mas habitue-se a escrever em benefício da paz e da edificação dos semelhantes, impedindo que sua própria inteligência se faça canal de perturbação.

MATERIALIZAÇÃO – Dê corpo às formações do plano extrafísico, entretanto, acima de tudo, concretize as boas obras.

CURAS – Aplique passes e outros processos curativos, em favor dos enfermos; no entanto conserve suas mãos na execução dos deveres e tarefas que o Senhor lhe confiou.

TRANSPORTES – Colabore com seus recursos psíquicos, no trazer de objetos sem toque humano, mas carregue a caridade consigo para que ela funcione, onde você estiver.

PREMONIÇÃO – Rejubile-se com a responsabilidade de prever acontecimentos; todavia busque sentir, pensar e realizar o melhor ao seu alcance, na movimentação de cada dia, para que sua conversa não se transforme em trombeta de pessimismo e destruição.

MEDIUNIDADE EM GERAL – Qualquer mediunidade serve a fim de cooperar no parque de fenômenos para demonstrações da existência do espírito, mas não se esqueça de que a condução dos valores mediúnicos, para o bem ou para o mal, é assunto que está em você e depende de você em qualquer circunstância e em qualquer lugar.

Fonte de Luz

(Subsídios para a História do Espiritismo no Brasil até o ano de 1895)

Nada melhor que as instruções de Allan Kardec ao espírita do Brasil, publicadas em Dr. Bezerra de Menezes, por Canuto Abreu (Feesp, p. 86):

"Paz e amor sejam convosco."

Que possamos ainda uma vez, unidos pelos laços da fraternidade, estudar essa doutrina de paz e amor, de justiça e esperanças, graças à qual encontraremos a estreita porta da salvação futura – o gozo indefinido e imorredouro para nossas almas humildes.

Antes de ferir os pontos que fazem o objetivo da minha manifestação, devo pedir a todos vós que me ouvis – a todos vós espíritas a quem falo nestes momentos – que me perdoem se porventura, na externação dos meus pensamentos, encontrardes alguma coisa que vos magoe, algum espinho que vos vá ferir a sensibilidade do coração.

O cumprimento do dever nos impõe que usemos de linguagem franca, rude mesmo, por isso que cada um de nós tem uma responsabilidade individual e coletiva e, para salvá-la, lançamos mão de todos os meios que se nos oferecem, sem contarmos muitas vezes com a pobreza da nossa inteligência, que não nos permite dizer aquilo que sentimos sem magoar, não raro, corações amigos, para os quais só desejamos a paz, o amor e as doçuras da caridade.

Certo de que ouvireis a minha súplica; certo de que, falando aos espíritas, falo a uma agremiação de homens cheios de benevolência, encetei o meu pequeno trabalho, cujo único fim é desobrigar-me de graves compromissos, que tomei para com o nosso Criador e Pai.

Sempre compassivo e bom, volvendo os piedosos olhos à humanidade escrava dos erros e das paixões do mundo, Deus torna uma verdade a palavras do seu amantíssimo Filho, Nosso Senhor Jesus Cristo, e manda o Consolador – O Espírito de Verdade.

Cure-se antes de Curar

Sinta dentro de si a enfermidade do próximo. Coloque-se no lugar dele, transfira a ele a sua melhor energia, trocando-a pela doença de que ele é portador, seja ela física ou espiritual. Cure a doença que você causou nele, já que somos um só, conectados em tudo e em todos, fazendo parte da energia universal ou do Fluído Cósmico Universal, hálito divino. Haja conforme a Física Quântica, que somos todos um.

Esta verdade ocorre somente para quem aprendeu a amar na sua plenitude. Tanto é verdade que, se Nosso Senhor reunisse os habitantes da Terra num imenso campo e repetisse a máxima "Quem tivesse pecado que atire a primeira pedra", todos deixariam cair as pedras do orgulho, da vaidade, do egoísmo, da calúnia, dos vícios, das mazelas morais, da ingratidão, do ódio, da ausência do perdão. Razão por que não curamos ninguém, pois somos todos doentes. Deus não criou a doença, ela é fruto de nossas mazelas morais, de nossas invigilâncias, de tudo aquilo que adquirimos de forma livre. O que a doutrina espírita pode fazer por você incorreta no campo de hábitos negativos; numa cultura de ignorância, tememos a morte, quando na verdade ela é apenas o resultado de nossa existência no corpo físico, ela não existe. Nada muda em nós depois que deixamos o corpo físico, assim a única solução é a mudança de hábitos. Falar do bem, fazer o bem, exemplificar o bem, testemunhar o bem, ensinar o bem, que faz bem para a gente, pois o bem tem como fonte nosso Pai. Temos, sim, que temer a vida, pois a morte é apenas o resultado do plantio, ou seja, a própria vida.

Referências

ABDALA, Dirceu. **Eurípedes Barsanulfo, o Apóstolo de Sacramento**. CEU, 2008.

ABDALA, Dirceu; VIEIRA, Urbano T. **Chico Xavier Fontes de Luz e Bênçãos**. Goiatuba: edição própria, 2000.

ABREU, Canuto. **Bezerra de Menezes Subsídios para a História do Espiritismo no Brasil até o ano de 1895**. Ed. FEESP, 1950.

BACCELLI, Carlos A. **A Flama Espírita**. Uberaba, 2001.

BACCELLI, Carlos A. **Chico Xavier, Mediunidade e Ação**. IDEAL, 1990.

BACCELLI, Carlos A. **O Evangelho de Chico Xavier**. Didier, 2000.

BACCELLI, Carlos A **Chico Xavier**: mediunidade e coração. São Paulo: Ideal, 1985.

BUENO, Oswaldo. **Chico Xavier, o Homem Chamado Amor**. IDEAL, 2003

CARNEIRO DE SOUZA, Cesar. **Sobre o passe**. Encontros com Chico Xavier. 1. ed. Uberaba, 1986.

HÉRCIO M. C. Retrato de Maria. IDE – Instituto de Difusão Espírita. **Anuário Espírita,** n.º 23, 1986.

KARDEC, Allan. **Revista Espírita**. FEB, 1863.

KARDEC, Allan. **Revista Espírita**. FEB, 1864.

KARDEC, Allan. **1804-1869 Obras póstumas**: é preciso propagar a moral e a verdade. Tradução de Maria Ângela Baraldi. São Paulo: Mundo Maior Editora, 2013.

KARDEC, Allan. **Livro dos Médiuns**. Ed. especial, Lake. 2005.

KARDEC, Allan. **O Evangelho Segundo o Espiritismo**. 3. ed. São Paulo: Edicel, 1980.

KARDEC, Allan. **Revista Espírita**. FEB, 1867.

MARTINS, Luiz. Blogspot. 2006. Disponível em: http://luizmartins. blogspot.com/2006_04_16_archive.html.

NOROEFE, Antonio Matte. **Chico Xavier**: o Homem, o Médium e o Missionário. EME, 2000.

PEREIRA, Yvonne Do Amaral. **Dramas da Obsessão**. Pelo espirito Bezerra de Menezes. Rio de Janeiro: FEB, 1964. 209 p.

PONSARDIN, Mickael. **Chico Xavier, o Homem e o Médium**. EDICEI of America, 2010.

SANT'ANNA, Hernani T. **Correio entre dois mundos**. Espíritos diversos. Rio de Janeiro: FEB, 2002.

SILVEIRA, Adelino. **Chico, de Francisco**. Ed. independente, 1987.

SILVEIRA, Adelino. **Kardec Prossegue**. LEEPP, s/d.

SILVEIRA, Adelino. **Momentos com Chico Xavier**. Brasil, 1999.

SOBRINHO Neto; SILVA, Paulo. **Kardec & Chico**: dois Missionários. Divinópolis: Ethos, 2016.

UBALDI, Pietro. **Conferências no Brasil**. São Paulo, 1952.

VASCONCELLOS, Lins. **Mundo Espírita**. Curitiba, 1968.

WORM, FERNANDO. **Lições de Sabedoria** - Chico Xavier nos 23 anos da Folha Espírita. São Paulo: Folha Espírita, 1997.

XAVIER, Francisco Cândido. **Brasil, Coração do Mundo, Pátria do Evangelho**. Pelo Espírito Humberto de Campos. 30. ed. Rio de Janeiro: FEB, 2004.

XAVIER, Francisco Cândido. **Busca e Acharás**. Pelos Espíritos Emmanuel e André Luiz. 1975.

XAVIER, Francisco Cândido. **Desobsessão**. Pelo Espírito André Luiz. 26. ed. Rio de Janeiro: FEB, 2005.

XAVIER, Francisco Cândido. **Jesus no lar.** Pelo Espírito Neio Lúcio. Prefácio de Emmanuel. 34. ed. Rio de Janeiro: FEB, 2005.

XAVIER, Francisco Cândido. **Nos Domínios da Mediunidade**. Pelo Espírito André Luiz. 32. ed. Rio de Janeiro: FEB, 2005.

XAVIER, Francisco Cândido. **Palavras de Chico Xavier**. Pelo Espírito Emmanuel. IDE, 2011.

XAVIER, Francisco Cândido. **Paz e Renovação**. Espíritos diversos. FEB, 1990.

XAVIER, Francisco Cândido. **Entrevistas**. Pelo Espírito Emmanuel. IDE, 1971.

XAVIER, Francisco Cândido. **Segue-me**. Pelo Espírito Emmanuel. 34. O Clarim, 1973.

XAVIER, Francisco Cândido. **Nosso Lar**. Pelo espírito André Luiz. Ed. FEB, 1944.

XAVIER, Francisco Cândido. **Novas mensagens**. Pelo espírito Irmão X. Ed. FEB, 2014.

XAVIER, Francisco Cândido; VIEIRA, Waldo. **O Espírito da Verdade**: estudos e dissertações em torno de O Evangelho Segundo o Espiritismo, de Allan Kardec. Por diversos Espíritos. 8. ed. Rio de Janeiro: FEB, 1992.